대한민국 주식투자

거시경제 가치투자 전략

Top Down Strategy of Value Investment

대한민국 주식투자 거시경제 가치투자 전략

1판 1쇄 발행 | 2014년 12월 5일

지 은 이 | 류종현
펴 낸 이 | 류종현
편 낸 곳 | (주)한국주식가치평가원
편　　집 | (주)한국주식가치평가원

대표전화 | 070-8225-3495
팩　　스 | 0504-981-3495
주　　소 | (135-821) 서울시 강남구 학동로 311
홈페이지 | www.kisve.co.kr
이 메 일 | customer@kisve.co.kr
출판등록 | 2012년 4월 16일 제2012-000143호

ⓒ2014 By KISVE.Co.Ltd. All rights reserved.

ISBN 978-89-969718-8-7 13320
값은 뒤표지에 있습니다.

이 도서의 국립중앙도서관 출판시도서목록(CIP)은 서지정보유통지원시스템 홈페이지
(http://seoji.nl.go.kr)와 국가자료공동목록시스템(http://www.nl.go.kr/kolisnet)에서
이용하실 수 있습니다.
(CIP제어번호: CIP2014028654)

잘못 만들어진 책은 구입하신 서점에서 교환해 드립니다.
이 책에 실린 모든 내용, 디자인, 편집 구성의 저작권은
㈜한국주식가치평가원과 저자에게 있습니다.

대한민국 주식투자
거시경제 가치투자 전략
Top Down Strategy of Value Investment

류종현 저

한국주식가치평가원

|서 문|

    굳이 엘빈 토플러의 말을 빌지 않더라도, 현대사회에는 분야를 막론하고 정보가 매우 넘친다. 별로 의미가 없는 정보의 양은 매우 많아지고 해당 정보의 획득비용도 매우 저렴해졌으나, 오히려 유용하게 활용할 수 있는 의미 있는 정보와 지식(지혜는 말할 것도 없이)은 여전히 양이 적으며 가치는 높아졌다. 현명한 투자의사결정을 위한 정보들을 활용해서 중장기적으로 주식투자의 누적수익률을 높이기 위해서는, 쓸데없는 정보들을 모두 수집하면 곤란하지만 본질적인 정보마저 눈과 귀를 닫아서도 안 된다.

    주식투자를 하면서 만나는 대표적인 정보들 중 하나가 바로 거시경제 지표들이다. 매일, 매주, 매달 계속해서 새로운 수치로 업데이트되는 경제지표와 경제기사 속에서 정작 투자자들에게 본질적으로 중요한 정보는 생각보다 별로 없다. 또한, 필자는 물론 필자가 알고 있는 제도권, 재야의 투자전문가들, 기타 정말 돈을 버는 대부분의 가치투자자들은(전체 주식투자자들 중에서는 일부) 그런 정보에 일희일비하는 일이 없다.

    반면에 대부분의 아마추어 주식투자자들(개인투자자 및 기관투자자 상관없이)의 경우, 단순히 경제가 좋고 기업실적이 좋으니까 주식시장이 상승탄력을 받는다고 여기고, 그 반대니까 주식시장이 부진하다고 여기면서 매일, 매주 변하는 경제지표에 일희일비하며 부지런히 매매한다. (수수료 등 거래비용은 계속 누적되고 증권사와 정부만 좋은 일이 생긴다.)

사실 주식시장 전체 및 주식의 업종 부문 차원에서 주가의 변동성은 거시경제와 밀접한 관련이 있으며, 특히 중기적인 기간에서 거시경제의 순환과 주식시장(및 업종)의 등락은 상당한 인과관계가(물론 주식시장이 선행) 있다. 가장 현명한 거시경제 투자자는 매일, 매주의 정확한 매매타이밍을 챙기는 투자자라기보다는, 주요 거시경제지표들이 중장기적으로 방향을 전환하는 시점을 역발상적으로 선행 예측(중장기를 내다본 선행적 대응)하는 투자자라고 할 수 있다.

모든 주식투자자들에게는 거시경제를 살펴보는 가치투자전략이 반드시 필요하다. 그것은 거시경제가 순환할 때 주식시장의 펀더멘털(장기 가치상승률) 이상으로 초과수익률을 올리기 위해서 필요하며, 특히 주식시장 자체가 하락하는 동안에도 기타 자산들에 대한 효과적인 분산투자와 비중조절을 통해 오히려 기대수익률을 크게 높이기 위해서 필요하다.

다만, 가장 현명한 형태의 거시경제 가치투자전략은 매일 변하는 경제지표들에 말초신경적으로 반응해서 단기투자수익을 올리는 형태와는 정반대라고 할 수 있다. 거시경제의 중기적인 순환과 장기적인 순환 속에서 주식자산의 복리수익률을 초과하는 수익률을 올리고, 전략적인 자산별 비중조절을 통해서 주식시장의 하락기에도 기타 자산으로 수익을 창출할 수 있다. 또한 세부적으로 거시경제 국면 별로 투자에 유리한 업종들과 기타 계량적 섹터들에 역발상적으로 투자하는 중장기 투자전략으로, 주식자산의 누적수익률을 보다 높일 수 있다.

위와 같이 거시경제 순환을 감안한 포트폴리오 운용전략은 증권사와 은행 등 기관투자자와 비금융법인의 재무투자부서는 물론, 개인투자자들에게도 반드시 필요한 전략이다. 쉬운 내용은 아니지만 쓸데없이 많은 지표들을 강요함으로써 운용의 효율성을 떨어뜨려서도 곤란하고, 꼭 필요한 지표들을 생략함으로써 최종수익률을 떨어뜨려서도 곤란하다.

본서에서는 기관투자자와 개인투자자들이 주식 및 기타 자산에 자산을 투자함에 있어서, 거시경제 순환을 이해하고 중요한 지표들의 변화에 미리(역발상적으로) 대응하여 최적의 포트폴리오 수익률을 올릴 수 있는 것을 목표로 하고 있고, 근본적으로 중요한 모든 개념들을 다루면서도 가능하면 체계적이고 쉽게 정리하려고 노력했다.

이 책의 강점은 보유 자산(포트폴리오) 수익률 극대화를 위한 거시경제 가치투자전략을 가장 체계적이면서도 비교적 쉽게 익힐 수 있다는 것이다. 또한 구체적으로 인플레이션, 금리, 환율 등이 어떻게 변할 때 주식비중과 주식 내 업종별 비중은 어떻게 가져가야하는지를 알게 된다. 적극적, 평균적, 보수적인 거시경제 가치투자전략 중에서 자신의 투자성향에 더욱 적합한 사례를 택할 수 있는 것은 덤이다.

대부분의 아마추어 투자자들이(개인투자자, 기관투자자를 막론하고) 거시경제의 호재와 악재를 주식시장의 호재와 악재로 동일시하면서 한 발, 두 발 늦게 주식비중을 늘리거나 줄여서 큰 손실을 입거나 큰 수익기회를 놓치기 마련이다. 독자들께서 이 책에서 설명하는 거시경제 가치투자전략을 이해하고 거시경제 순환의 변곡점이 오기 전에 미리미리(역발상, 선행적) 주식과 기타 자산의 비중, 업종 등 주식부문별 비중 등을 조절한다면, 주식시장과 거시경제의 방향이 바뀌더라도 지속적인 초과수익률을 올리는 가치투자자들의 대열에 합류한 것이다.

즉, 주식투자자라면 거시경제와 주식시장의 관계를 전혀 모르고 투자해서는 안 되며, 다른 모든 책들보다도 본서가 독자께 거시경제 가치투자전략을 더 가깝게 이해시키고 깊이 있게 활용하게끔 할 수 있다면 필자 역시 충분한 보람을 느낄 것이다.

본서의 구성을 아래에 간단히 정리한다.
1부에서는 거시경제와 주식시장의 관계, 주식시장을 중기적으로 결정하는 요인과 장기적으로 결정하는 요인 등을 설명했다.
2부에서는 인플레이션, 금리, 환율, 소비 등 주식시장에 영향을 주는 거시경제 지표들의 개념, 순환이나 등락, 거시투자 대응전략 등을 설명했다.
3부에서는 국내외 주식과 채권 등 포트폴리오(자산 분산 투자)의 원칙, 거시경제 순환에 대응하는 포트폴리오 전략(자산별 비중조절), 기타 업종 부문별 투자전략 등을 정리했다.
마지막으로 4부에서는 가치투자의 입문적 개념들을 설명하면서 계량적 지표, 역발상 투자와 군중심리 등을 정리했다.

보다 앞서 출간된 「대한민국 주식투자 계량가치투자 포트폴리오」(이하 '대한민국 주식투자' 생략), 「재무제표·재무비율·투자공식」, 「글로벌 가치투자거장 분석」, 「산업·업종분석」, 「저평가우량주」, 「완벽가이드」, 「다이어리」 등 다른 〈대한민국 주식투자 성공시리즈〉 서적들과 마찬가지로, 본서 역시 개인투자자이건 기관투자자이건 자본주의가 존재하는 한 오래도록 반드시 필요한 주식투자의 지식체계를 담고자 노력했다.

불확실성과 변동성으로 점철되는 거시경제의 단기적 흐름을 넘어서서, 거시경제의 중기적인 순환을 잘 파악하고 현명하고 효과적으로 대응하며, 순환국면 별로 국내외 주식, 주식·채권 펀드 등의 비중을 조절하기 바란다. 이 책을 통해 독자들의 포트폴리오 수익률이 조금이나마 지속적으로 만족스럽게 상승하기를 진심으로 기원하고 또 바라는 바이다.

KISVE(한국주식가치평가원) 대표 류종현

| 차 례 |

1부 거시경제, 주식시장의 결정요소

1장. 주식시장 수익률과 거시경제 주기
1. 주식시장 수익률 · 17
2. 거시경제 호불황 주기와 전환점 · 21

2장. 거시경제 중장기투자요소
1. 장기 거시경제와 거시투자 · 25
2. 주식시장의 중장기 결정요소 · 28

2부 거시경제 순환요소와 대응투자전략

1장. 경기등락과 주식시장, 대응전략
1. 경기등락과 주식시장 · 37
2. 경기하강과 경기침체의 구분 · 42
3. 경기순환주기와 거시투자 · 45

2장. 인플레이션과 주식시장, 대응전략

1. 통화, 인플레, 이자율이 주식에 미치는 영향 · 55
2. 인플레이션의 형태와 영향 · 60
3. 인플레이션, 디플레이션과 정부개입 · 64
4. 인플레이션과 거시투자 · 68

3장. 금리등락과 주식시장, 대응전략

1. 경제성장, 금리순환과 활용 · 75
2. 금리, 인플레이션과 소비 · 83
3. 금리, 주식과 채권투자 · 86

4장. 환율, 원자재와 주식시장, 대응전략

1. 환율변동과 실물경제, 주식시장 · 93
2. 환율과 거시투자 · 100
3. 원자재와 거시투자 · 106

5장. 소비, 고용과 주식시장, 대응전략

1. 소비자지출과 기업실적, 주식시장 · 111
2. 소비지출과 소비심리 · 116
3. 고용, 실업과 주식시장 · 121

3부 거시경제 순환에 대응하는 자산 및 부문배분

1장. 포트폴리오의 효용과 핵심
1. 수익률 대 리스크, 안전자산과 주식 · 129
2. 주식 부문, 채권의 수익과 리스크 · 138
3. 거시투자 포트폴리오 원칙 · 143

2장. 거시경제 대응 포트폴리오 분산전략
1. 주식과 채권, 거시경제순환과 주식비중 · 151
2. 자산배분전략 및 세부 투자자산 구분 · 160

3장. 거시경제순환과 업종 부문별 주식투자
1. 경기단계별 업종순환 개괄 · 171
2. 세부업종별 거시경제 판단툴 · 176
3. 업종의 구조적 환경 시나리오 · 180

4부 가치투자 기본과 역발상
주식투자 전략

1장. 가치투자 기본
  1. 가치투자의 기본 개념 · **189**
  2. 계량적 초과수익률 · **195**

2장. 역발상 주식투자와 군중 투자심리
  1. 과열, 공포국면의 주식시장과 역발상 투자 · **203**
  2. 군중의 투자심리 · **208**

 5부 부록 – 가치투자체계 육성시스템

  1. 재무손익, 기타 투자용어 정리 · **216**
  2. 주식투자 체계(격자구조) 및 정통가치투자 공부 · **224**
  3. 실전가치투자 특강수강증 · **247**

1부 거시경제, 주식시장의 결정요소

/1장/
주식시장 수익률과 거시경제 주기

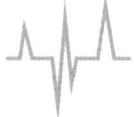

1. 주식시장 수익률

미국을 비롯한 여러 선진국가는 물론, 이머징 국가들의 주식수익률은 다른 투자대상들에(채권 이하) 비해서 장기적으로 탁월한 수익률을 보여 왔다. 크게 차이나지 않는 다양한 국가의 사례들 중 대표적인 시장인 미국 주식시장의 경우만 해도 1800년대부터 21세기 초에 이르기까지 초장기간 동안 채권, 금, 예금 등에 비할 수 없이 높은 수익률을 보여 왔다.

이에 관해서는 다양한 투자학계, 투자업계의 통계수치들이 있으나 그 중에서 저명한 제레미 시겔 교수의 설명을 빌어 말하자면, 1802년에 1달러를 미국 주식, 장기 채권, 단기 채권, 금 등에 투자했을 경우, 명목 기준으로(인플레이션을 감안하지 않고) 2006년까지 미국 주식은 1,270만 달러, 장기 채권이 18,235달러, 단기 채권이 5,061달러, 금은 약 33달러로 증가하게 된다. 물론 이 수치는 미국 주식

종목들 중 상장폐지되는 종목들의 비율을 모두 실질적으로 감안한 것이다. 금을 포함한 귀금속이나 원자재의 경우 단기적이고 중기적인 가격변동성은 있을 수 있으나, 대중들이 착각하는 것과 달리 인플레이션 비율을 감안하면 장기적인 투자매력도는 전혀 없다. 금 등 실물자산의 경우 인플레이션만큼 가격이 상승할 뿐이며, 앞서 열거한 투자자산들 중 가장 누적수익률이 떨어지기 때문이다.

물론 주기적으로 주식시장은 크게 폭락하기도 했으나 폭락을 겪고 있는 아주 짧은 시간 동안의 단기투자자에게만 폭락이 크게 보일 뿐이었다. 장기적으로는 폭락시 하락률을 모두 감안해도(폭락 직전에 주식을 매수한 어리석은 투자자일지라도) 주식시장의 수익률은 매우 압도적이고 누적수익률은 누구에게나 안정적으로 보인다. (그럼에도 불구하고 애석하게도 십 년 단위, 이십 년 단위로 바라볼 수 있는 현명한 투자자는 적다.)

폭락하기 직전 고점에 매수하고 또한 무작위적으로 다양한 종목에 투자하여 보유종목들 중 일부가 상장폐지되는 것을 감안할 지라도, 주식자산의 장기적이고 안정적인 누적수익률은(단지 몇 개월, 몇 년을 생각하면 안정적이지 않게 보일 수 있으나) 가장 탁월한 특성을 자랑하는 것이다.

즉, 주식시장 전체와 특히 주식시장 내 장기적으로 우량한(갑자기 우량해지리라 기대되는 거품 유망주가 아니라, 변함없이 꾸준히 우량할) 종목들의 경우, 장기적으로 누적수익률이 장단기 채권과 금 등 실물자산보다 높다. 그렇기 때문에 일정 기간(예를 들면 몇 년간) 수익률이 낮을 경우에는 향후 기대수익률이 더욱 높아지게 된다. 주식시장이 과도하게 상승했으면 일정 기간 조정을 받고 주식시장이 과도하게 하락했으면 시간이 지난 후 다시 그 이상 회복하는데, 이렇게 평균적인 장기수익률에 수렴하는 것을 '평균 회귀'의 법칙이라고 한다. 주식자산은 장기적이고 매우 안정적으로 누적수익률이 증가하며, 이는 중기적으로 닥쳐오는 큰 변동성을 극복하기에 충분한 것이다. 장기적 측면에서 길게 보았을 때 주식시장의 변동성은 사실 잘 보이지 않을 정도로 지속적인 상승을 보여왔으며, 그보다 짧은 중기적 측면에서의 수식시장 등락(거시경제 등의 영향으로)까지도 극복하고 그것을 오히려 초과수익의 기회로 역이용하는 방법론과 전략에 대해서는 이후 본서의 내용에서 정리하고 있다.

채권수익률

한편, 채권수익률은 주식수익률보다 장기적으로 떨어지는데, 이는 근본적으로 인플레이션 효과에 의해 수익률이 하락하기 때문이다. 금본위제도 하에서는 인플레이션이 본격적으로 발생하지 않았으나, 이후 불태환 화폐제도 하에서 정부 정책에 따라 지속적인 경제성장을 위해 적정 수준의 인플레이션을 추구하고 유지하게 되었다. 장기적인 경제성장을 위해 적정 수준의 인플레이션(대략 잠재 경제성장률 만큼의)을 허용한 화폐 정책 이래, 표면 이자율이 낮은 채권자산은 장기수익률에 타격을 입게 될 것이다.

채권자산의 경우 주식자산에 비해서 단기변동성이 낮은 편이지만, 장기적으로 누적수익률이 낮다는 확실한 리스크가 있으므로 근본적으로 매력적인 투자대상이라고 할 수는 없다. 런던 **MBA** 교수진 등이 집필한 〈낙관론자의 승리 : 101년간 글로벌 투자수익률〉의 내용을 빌리자면, 전쟁과 불경기 등 모든 재앙에 시달린 16개국(이탈리아, 독일, 일본 등 2차 세계대전 패전국도 포함)의 장기적인 주식수익률조차 채권 등 다른 금융자산의 수익률보다 높았다.(본서에서 후술하겠지만 그럼에도 불구하고 채권자산은 주식자산을 보완하는 최고의 자산 중 하나이다. 현금과 예금은 인플레이션 효과를 감안하면 실질수익률이 마이너스이며, 금은 초장기적으로 정확히 인플레이션만큼 가격이 상승하므로, 모두 투자자산으로서 채권자산만 못하다.)

2. 거시경제 호불황 주기와 전환점

주식시장은 거시경제 변화보다 선행하여 상승하거나 하락하지만 분명히 거시경제와 영향을 서로 주고 받는다. 거시경제환경은 인플레이션, 금리, 소비, 환율, 원자재 등 다양한 요소로 구성되어 있지만(이런 세부적인 요소들은 2부에서 구체적으로 분석하기로 하고), 우선 경기의 흐름을 보다 단순하게 이해하면서 거시경제와 주식시장에 대해서 살펴보자.

이를테면 주식시장의 등락에 후행하는 경기주기의 인과관계 순서는 소비자 지출이 최전방에 있고, 산업생산이 소비자 지출의 영향을 받으며, 설비투자는 산업생산으로 인해 마지막으로 촉진되는 식으로도 볼 수 있다.

우선 임금에 기반한 국내외(대한민국은 수출주도 국가이므로) 개인소득을 중심으로 하되 신용확대로 인한 소비까지 포함하여 소비자 지출이 증감한다.
소비자 지출의 증감은 제조업, 유통업, 서비스업 등 다양한 산업 태반의 성장과 둔화를 불러일으키며, 공장이나 기계장치 등을 의미하는 설비투자는 산업 생산과 서비스의 증감에 후행하여 발생한다.

주식시장은 근본적으로 상장기업들의 가치에 수렴하고, 기업의 가치는 본래 장기적인 기업의 실적을 나타내지만, 중기적으로는 (2~5년 이내) 기업의 실적이 등락함에 따라서 주식시장도 선행적으로 움직인다.

 당연히 거시경제적 주식시장의 등락은 위 경기주기의 전반부(전반부보다도 다소 선행하지만)에서 국내외 소비자지출과 관련이 깊다. 반면에, 대개 경기가 누구에게나 확실하게 호황 혹은 불황이라고 받아들여지는 고용 및 실업, 설비투자와 부도의 경우 경기에 후행하는 성격이 있어, 투자시기를 미리 알 수 있는 지표와는 거리가 멀다.

 국내외 소비지출, 산업생산, 설비투자 등 경기주기의 순서 중에서 국내외 소비자지출을 잘 모니터링 해야 하며, 소비자 지출의 현황보다도 소비자지출의 방향(감소율 둔화와 증가 전환, 증가율 둔화와 감소 전환 등)의 순서를 예의주시하고 가능하다면 역발상적인 대응능력을(혹은 예측) 훈련하는 것이 좋다.

경기등락주기

 한편, 경기등락에 선행하는 주식시장의 등락주기를 파악하기 위해서(장기적으로는 상승하지만) 경기등락 주기를 살펴보면 아래와 같다.
 우선 재고순환주기에 해당하는 대략 4년 전후의 사이클이 있으며 이를 키친파동이라고도 한다. 이 짧은 순환주기에 걸쳐서 작은 경기등락과 이에 선행한 주식시장 등락이 있다.
 또한 9~10년마다 찾아오는 경기등락과 주식시장 등락도 있는데, 이를 주글라 파동이라고 하며 주로 설비투자의 확장과 축소 기간(신용의 확장과 축소)에 해당한다.

특히 10년까지에 걸친 경기사이클은 재고순환주기를 두 번 이상 포함하고 있어, 주식의 장기수익률이 역사적으로 다른 자산 대비 꾸준히 높았음을 증명하는 경영학자들의 판단 기간이 되기도 한다.

보다 긴 기간인 18년 전후에 해당하는 경기사이클이 있는데, 주로 부동산 등 건설투자가 순환하는 주기로, 쿠즈네츠 순환이라고 한다. (이상의 경기주기 관련하여 본서 '2부 1장 1. 경기등락과 주식시장'에서 추가 설명)

우리가 살아가는 실제의 세상은 교과서와는 달리 무수한 결정요인과 변화요인, 신생요인 등의 상호작용으로 교과서의 사례나 결과보다 복잡하고 융통성 있게 움직인다. 그러므로 정확히 몇 년으로 정해진 주기에 따라 주식시장과 경기가 따라가거나 하지는 않는다. 다만 4년 주기, 9~10년 주기, 18년 주기 등에 대해 이해를 한다면, 경기주기라는 것이 근본적으로 순환하는 것이므로 최악의 상황에서 최고의 씨앗을 뿌리고 최고의 순간에 최악의 미래를 대비해야 한다는 것을 알게 될 것이다. 즉, 투자할 때는 지금 당장 결과물이나 현상을 보고 나서 받아들이기 보다는 아직 보지 못한 것을 대비하는 것이(최악에서 회복을, 최고에서 위험을) 소극적이지만 현명한 예측이 될 것이다.

(경기주기에 대해서는 '2부 1장 3. 경기순환주기와 거시투자'에서 구체적으로 다시 서술한다.)

/2장/
거시경제 중장기투자요소

1. 장기 거시경제와 거시투자

사람에게는 누구나 더 잘 살고 조금이라도 더 큰 부를 쌓고자 하는 경제적인 욕망이 있다. 그러므로 결국 세상은 조금이라도 부를 확장하고자 하는 쪽으로 움직이게 되어 있다. 이것이 세상의 경제활동을 장기적으로 확장하는 쪽으로 이끌고 가며, 결국 주식시장은 장기간에 걸쳐 누적적으로 상승하게 되는 것이다.

세 단계에 걸친(4년, 10년, 18년 등) 경기순환을 넘어서서 거시경제는 꾸준하고 지속적으로 상승할 수밖에 없으며, 이때 특히 사람들의 장래 수요, 미래의 장기적인 욕망을 미리 읽어내면서 투자한다면 주식시장의 수익률을 훨씬 넘어서는 수익률을 낼 수가 있다.

인간의 장기적인 미래 욕망과 수요를 읽어내기에 앞서(도박이 아니라 실제로 정확히 읽어내는 것) 인간의 현재 욕망이나 수요를 관찰하는 능력을 먼저 기르는 것으로 시작하는 편이 좋다. 나와 가족, 친구들과 직장동료들이 실생활에서 어떤 제품과 서비스를 원하고 있고, 그러한 추세가 전체적으로 어떤 변화를 겪고 있는지 관찰하고 고민해보는 것이다. 사람의 욕망과 수요가 있는 곳에 기업의 수익이 있고 주가의 상승이 있으며, 우선 현재의 욕망과 수요를 이해하고 있다면 미래의 욕망과 수요로 이전되는 거대한 추세와 변화의 낌새를 알아챌 수 있을 것이다.

아직 대중에게 확산되지 못했지만 대중이 받아들일 것이 분명한 제품과 서비스의 변화는 장기투자자에게 대단히 큰 누적수익률을 가져다줄 노다지인 것이다.

욕망과 수요를 읽어내는 주식투자

매점매석이라는 말을 들어보았을 것이다. 향후 귀하게 될 물건을 싸게 대량 매입하여 가격이 오를 때까지 기다렸다가 비싸게 파는 행위를 의미한다. 옳고 그름을 떠나서 순수하게 매점매석의 가장 큰 강점을 생각해 보면 바로 현재 다른 사람들이 몰라주는 미래의 큰 효용을(미래의 큰 효용이 없거나 대체재를 쉽게 구할 수 있으면, 매점매석은 실패함) 미리 보는 것에 있다고 하겠다.

장기적으로 거시경제가 발전할 수밖에 없다는 사실에 기반한 주식투자 방법은, 현재 존재하는 인간의 욕망과 수요들 중 향후에도 존속될 욕망과 수요에 기반해서 수익을 내는 기업들, 현재에는 존재하지 않지만 향후 발생하여 장기간에 걸쳐 지속될 인간의 욕망과 수요에 기반해서 수익을 내는 기업들에 투자하는 것이다.

전자의 경우 경기변동형 업종의 기업이 불황에 빠져 있을 때 투자하는 방식이며, 후자의 경우 아직 대중들이 보기에는 성장업종의 우량기업이 뚜렷한 시장(제품 및 서비스 수요 측면에서)의 지배자로 인식되지 않을 때 선행적으로 투자하는 방식이다.

왜 지금 귀한 것을 사지 않고 지금 외면받는 것을 사야하며, 전망이 매우 밝다는 것이 아직 드러나지 않았을 때 사야 하는가. 그것은 장기적으로 보면 경제와 주식은 성장하고 상승할 수밖에 없으므로, 불황이라고 여기저기서 떠들어대고 그것을 들은 대중들이 불황이라는 사실을 서로 간에 공유, 확산할 때야 말로 좋은 물건을 싸게 살 수 있는 절호의 투자기회이기 때문이다. 물론 가치투자자들이라면 능히 싸게 매수할 수 있을 것이다. 하지만 싸게 살 수 있는 시기를 보다 효과적으로 빠르게 판단할 수 있고, 비싸게 팔 수 있는 시기를 또한 잘 판단할 수 있는 방법이 거시경제 분석에 기반하기 때문에, 거시경제에 기반한 가치투자 방법론이 그 투자성과에 있어서 우수한 것이다.

시간의 차이가 있을 뿐, 두 가지 진리는 변치 않는다. 거시경제는 들쑥날쑥 하는 경기주기와 더불어 회복하게 된다는 것, 그리고 거시경제가 회복되기 시작했을 때 저평가되어 있던 우량주들은 이미 주가가 급등해 있다는 것 등이다.

2. 주식시장의 중장기 결정요소

주식시장이 상승 혹은 하락하는 결과의 원인을 살펴보면 보다 근본적인 원인과 현상적인 원인으로 볼 수 있다.

우선 근본적인 원인은 펀더멘털의 상승에 따른 것으로, 사람들의 경제활동 규모가 커지는 만큼 기업의 이익이 증가하게 되어, 기업들의 가치가 커지는 만큼 주식시장이 상승하는 것이다. 물론 이 과정에서 경제활동의 상승운동은 직선운동이 아니라 확장과 수축이 있는 곡선운동을 띄게 되므로, 초장기적인 상승추세 속에 중기적으로 상승하락 추세가 포함된다.

다음으로 현상적인 원인으로는, 위와 같은 근본적인 원인(경제성장, 기업의 성장 등)으로 인해 주식에 대한 수요와 주식의 공급이 영향을 받기는 하지만, 일단 주식에 대한 투자자의 수요와 주식의 공급 자체를 직접적인 원인(그 앞단에 근본적인 원인이 있을지라도)으로 볼 수 있다.

그러므로 현상적으로는 주식의 공급이 수요보다 많을 경우에 주가가 하락하며, 주식의 공급보다 수요가 많을 경우는 주가가 상승한다. 즉, 펀더멘털에 비해서 너무 주가가 상승하여 매도자는 주식을 매도하고 싶지만(주가가 비싸니 당연히 주식을 매도하여 현금을 확보하고 싶어진다.) 너무 비싸진 주식에 대해서 매수자들의 수요가 주춤하는 경우에는 주가가 하락하게 된다. 반면에, 펀더멘털에 비해서 너무 주가가 하락하여 매도자는 주식을 매도하기 싫지만, 너무 싸진 주식에 대해서 매수자들의 수요가 살아나는 경우에는 주가가 상승하게 된다.

주식의 수요와 공급이라는 현상적인 원인으로 인해 주가가 등락하기는 하지만, 현상적인 원인의(주식의 수요나 공급의 증감) 뒤에 보다 근본적인 원인이 깔려 있으므로, 본서에서는 주식시장의 등락에 영향을 미치는 근본적인 요소들 중, 중장기적인 요소와 중기적인 요소를 살펴보자.

장기적 요소

우선 주식시장에 장기적으로 영향을 미치는 요소들은 지속적인 경제성장이다. 장기적으로 경제가 성장하는 상황 하에서 주식시장은 자연스럽게 가파르게(중기적인 등락을 넘어 장기적으로 보면) 상승하게 된다. 이때 장기적인 경제성장을 보장하는 요소는 인간의 욕구를 자연스럽게 받아들이는 자본주의 시장경제와, 모든 것을 파괴하는 (국지적인 불안 수준이 아니라) 수준의 전쟁이 억제되고 통제되는 상대적으로 안정적인 사회이다.

지금까지 주가의 움직임은 과거 성장에 의한 것이었고 향후 주가의 움직임은 미래 성장에 의한 것이지만, 중장기 주식투자자의(단기투자자는 제외하고) 경우에는, 잘 살고자 하는 인간의 욕구에 힘입어 중장기적으로 계속 수익을 낼 수밖에 없는 것이다.

경제성장과 더불어 주식시장의 장기적인 운명을 결정하는 또 하나의 요소는 조세정책이다. 하지만 법인세와 자본수익에 대한 세율 등을 가혹하게 책정한다면 투자자뿐만 아니라 사업가들(사업가들도 자본수익에 많이 의존한다.) 역시 사업을 할 의욕이 사라지게 된다. 조세정책이 투자자와 기업에 가혹해진다면 애초에 경제성장 자체가 어려워지므로 조세정책 요소는 넓게 보면 경제성장 요소에 포함된다고 (경제성장을 해치는 수준의 정책을 오래 펼 수는 없으므로) 볼 수 있다.

장기적인 관점에서 주식시장의 근본적인 운명을 좌우하는 세 번째 요소는 개별 산업과 기업의 이익 성장이다. 특정 산업 혹은 기업의 이익 성장은 주식시장의 해당 부문이나 해당 종목의 장기적인 주가상승을 불러일으킨다. 강력한 경쟁우위와 경제적 해자를 지닌 비즈니스, 미래 수요의 트렌드를 선점한 성장산업, 탁월한 사업전략, 인수합병 감각을 지닌 오너 등 다양한 강점과 기회를 바탕으로 특정 산업과 기업들이 장기적으로 성장하면 주가는 자동적으로 상승하게 된다.

중기적 요소

장기적인 요소들에 이어서 주식시장에 중기적으로 영향을 미치는 요소들을 알아보자. 우선 본서에서 중기적이라고 표현한 기간은 2년에서 5년 사이, 즉 짧은 경기순환 사이클(재고순환주기)의 일부에서부터 넉넉잡아 짧은 경기순환 사이클 하나를 포함하는 기간으로 이해하면 된다.

주식시장에 중기적으로 영향을 주는 요소들로는 금리와 유동성, 심리 등이 있으며 이런 요소들은 상승하강운동을 거쳐 순환하면서 주식시장의 등락을 좌우한다.

금리와 유동성은 시중에 풀리는 돈을 좌지우지하며, 심리는 시중의 돈이 얼마나 주식시장에 들어갈지를 결정한다. 금리가 올라갈수록 돈이 안전자산 속으로 숨어들고 시중에서 욕망 가득한 돈은 줄어들며, 금리가 내려갈수록 안전자산으로부터 돈이 스멀스멀 기어 나와서 높은 수익률을 찾아 어슬렁거린다. 또한 정책적으로 유동성을 확대할수록 넘치는 돈들이 위험자산으로 흘러들어가며, 유동성을 축소할수록 위험자산으로 흘러들어가던 돈의 흐름은 멈추고 시중에서 돈은 종적을 감추게 된다.

금리가 낮고 유동성이 높으면 주식시장은 시간차를 두고 상승압력을 받게 되고, 금리가 높고 유동성이 낮으면 주식시장은 이내 하락압력을 받게 된다.

그런데 여기에 추세를 더욱 강화하거나 반대로 약화시키는 요소가 하나 또 있으니 그것은 심리(투자심리, 소비심리 등)이다.

중기 추세 전체를 기준으로 말하면, 심리는 결국 금리와 유동성에 종속되지만, 어느 정도의 기간 동안에는 심리가 독자적으로 그 영향력을 발휘한다. 투자심리가 부정적이고 대부분의 아마추어 투자자들이 주식시장에 대해 싸늘한 시선을 보낼 경우 주가는 오를 수 없다. 일정 기간 이상 투자심리가 나쁜 원인에는 여러 가지가 있을 수 있다. 상당한 수준의 주가하락을 겪은 지 아직 얼마 되지 않아 주식시장에 대한 손실 트라우마가 존재할 경우라든지, 실물경기의 불황이 지속되어 투자는 물론 소비마저 꼭 필요한 만큼으로 제한할 경우에는 투자심리가 좋을 수가 없다.

결국엔 금리와 유동성

하지만 굳이 우열을 나누자면 심리는 금리와 유동성의 협력 앞에서는 결국 굴복하게 되어 있다. 즉, 투자심리가 아무리 좋고 흥분해 있더라도 금리가 오르고 유동성이 감소하면 결국 투자심리도 후행적으로 악화되기 마련이고, 투자심리가 아무리 나쁘고 저조하더라도 금리가 내리고 유동성이 확대되면 결국 투자심리에 불이 붙기 마련이다. 왜냐하면 금리와 유동성의 힘으로 돈이 시중에 넘쳐날 때는 그 중의 일부가(투자심리가 저조하여 상당부분은 아직 움직이지 않을 때) 주식시장으로 흘러들어간다 할지라도 주식시장은 조금씩 올라가게 되고, 주식시장이 올라가면 투자심리도 서서히 일어나게 되기 때문이다. 결국 바닥 구간에서의 최초 매수집단, 소폭 주식시장이 상승할 때 미심쩍어하면서도 매수한 두 번째 집단, 주식시장이 확실히 회복세에 있을 때 따라서 매수하는 대중적 투자자들(세 번째 거대집단)의 순으로 주식시장에 진입하게 된다. 닭과 달걀의 순서를 따지는 것은 어려운 문제이지만, 이들을 가속적으로 주식시장에 끌어들인 것은 단순히 주식시장의 상승운동이며, 주식시장의 상승운동을 일으킨 원인은 결국 금리 하락과 유동성 확대인 것이다.

2부 거시경제 순환요소와 대응투자전략

/1장/
경기등락과 주식시장, 대응전략

1. 경기등락과 주식시장

거시경제 지표와 현상들은 상당히 복잡하기 때문에, 목적 요소를 잡고(최종적으로 알고자 하는 요소, 이를테면 주식시장) 해당 요소에 대한 거시경제 지표의 인과관계 및 영향력의 정도 등을 파악해야만 한다. 거시경제 자체를 위한 거시경제(문학을 위한 문학은 정당화될 수 있을지 모르나 거시경제는 그렇지 않다.)가 얼마나 쓸모없고 복잡하기만 한지 알기 위해서 굳이 현자가 될 필요는 없다. 수많은 경제학자의 연설, 보고, 인터뷰 등을 역사적으로 참고하면 향후 거시경제의 방향이 어떻게 될 것이라는 예측이 맞을 확률은 주사위, 카지노, 로또와 같은 투기에 가깝다는 것을(맞출 수 없었고, 맞출 수 없을 것이라는 의미) 알 수 있을 것이다. 그 중에는 주식시장의 폭락 및 그에 이은 경기하락이 다가오기 몇 개월 전에 경제의 탄탄함을 강조하거나, 주식시장의 본격적인 반등이 오기 직전에 장기 경기불황과 주식시장 침체기를 예언한 경제학자들도 있어(하필 그들만 틀린 것이 아니라 비슷하게 생각한 경제학자들도 많은데 말이다.) 그들의 경력에 참으로 아쉬운 일이 발생하기도 했다.

한두 번의 성공적인 예측으로 스타덤에 오른 경제학자도 결국 틀리게 마련이며, 닥터 둠 경제학자 역시 한두 번 맞춘 것으로 유명세를 겨우겨우 유지하면서, 다음 번 불황이 다가올 시기에 대해서는 말을 아끼곤 한다. 정말 경기가 어려울 때 향후 언젠가는 경기가 좋아질 것이라고 말한다든지, 누구나 체감하는 호황기 중에 향 후 몇 년 내로(몇 년이란 기간은 사실 기간을 말하지 않은 것과도 같다.) 불황이 오지 않겠냐는 등, 대략적인 시기를 말하지 않고 호황 혹은 불황을 예언하는 것은(경제학자일 필요가 없이) 서민과 주부도 할 수 있는 일이다.

경기추세보다 먼저 움직이는 주식시장

주식시장과 거시경제 상황을 함께 설명하는데 있어서 가장 어려운 점이라면, 본질적으로 주식시장과 거시경제가 서로 움직이는 시기가 다르고 또한 때때로 방향마저 다르게 움직인다는 점이다. 주식시장에 대한 예측이건 거시경제에 대한 예측이건 대부분의 예측이 접하는 문제점은 최근까지 이어온 단기추세가(본서는 중장기투자자 입장에서 6개월~2년을 단기로 전제) 중기적으로 지속될 것으로 기대한다는 데 있다. 주식시장은 항상 경기가 침체되기 전에 하락하기 시작했으며, 경기가 회복하기도 전에 먼저 회복했다. 주식시장이 거시경제보다 선행한다는 사실은 매우 명확하며, 경제학적 지식을 활용하여 주식시장이 상승하는 타이밍을 잡기란 어렵고 대부분의 경제학자들은 실패해 왔다.

이미 때늦은 매체들의 경제보도

그 뿐만이 아니다. 경기사이클 저점에서 주식시장으로 들어가고 경기사이클 고점에서 주식시장을 빠져나온다고 해도, 주식시장의 선행성 때문에 주식을 저가에 매수하지도 못하고 충분히 고가에 매도하지도 못하는 것뿐 아니라, 한 가지 어려움이 더 있다.

그것은 경기의 고점과 저점 혹은 경기가 나쁘다 좋다는 정보(대개 정부, 공적 금융기관, 대표적 언론 등이 공표) 자체가 이미 모든 상황들이 상당히 진행된 다음에 이르러서야 발표되므로, 이를 접한 보통 사람들이 매우 때늦은 정보를 얻기 때문이다. 무슨 말인가 하면, 정확히 경기사이클 저점에 주식투자를 시작해도 이미 주식시장이 상당히 오른 후에 투자하게 되는 셈인데(먼저 바닥을 치고 상승하는 주식시장의 선행성으로 인해) 경기사이클 저점이라는 문구를 정부나 금융기관의 공지 뉴스, 언론기사 등으로 접할 때는 이미 경기사이클 저점에서 일정 시간이 지난 후 발표내용을 번복하지 않을 것이라는 확신이(정부, 금융기관 등) 들 정도의 상황이기 때문이다. 즉, 각종 경제지표가 더 이상 하락하지 않을 것이다 혹은 수정할 가능성이 낮다고 판단할 때까지 경기사이클 저점을 지났음에도 그것을 곧바로 발표하지 않기 때문이다. 결과적으로 주식시장이 먼저 바닥에서 (쥐도 새도 모르게) 반등하고, 그 후 경기사이클 저점이 아무런 표정도 없이 무미건조하게 지나가며, 조금 더 시간이 지난 후 정부와 금융기관과 언론은 호들갑을 떨며 이제 경기사이클 저점을 벗어났다고 발표하는 것이다. (이때 투자하는 사람은 얼마나 많은 수익을 놓치겠는가)

마찬가지로 경기사이클 고점을 이제 막 지났다고 할지라도, 다시 반등할 여지가 적고 하락이 확실해졌다고 판단이 될 때야 비로소 지난 경기사이클 고점을 발표한다. 그러므로 주식시장이 가장 먼저 하락하고 그 뒤를 이어서 경기사이클 고점을 지나가며(천장을 치고 꺾이며) 일정 시간이 지난 후 공식적으로 경기사이클 고점이 지났음을 금융기관과 언론 등이 알리게 된다. (마찬가지로 이 전에 매도하지 못한 사람은 얼마나 손실을 보았겠는가)

투자이론가나 금융기관 등 조사주체 별로 차이는 있지만, 주식시장은 짧으면 3개월, 길면 10개월에 이르기까지 거시경제보다 선행한다. 그러므로 과거의 거시경제 지표와 상황은 물론, 현재의 거시경제 지표와 상황조차 주식시장의 향후 전망과 비교하면 실로 시간격차가 상당한 것이다. (거시경제를 10개월 이상 추정할 수 있어야 주식시장의 방향 예측이 가능하므로)

한 가지 사족을 붙이자면, 주식시장이 반등하고 난 후 경기저점이 조용히 지나가고 이후 일정 시간이 흘러 경기저점을 지났다는 정보(뉴스 등)를 얻고 투자하는 뒷북 매수자들보다, 주식시장이 급락하고 난 후 경기고점이 미끄럽게 지나가고 이후 일정 시간이 흘러 경기고점을 지나 하락 중이라는 정보를 얻고 매도하는 뒷북 매도자들이 훨씬 손해가 막심하다. 왜냐하면 주식시장은 대개 상승하는 기간이 하락하는 기간보다 훨씬 길기에, 고점에서 하락하는 주식시장은 그 하락속도가 매우 빠르고 단기간에 상당한 손실을 입히기 때문이다.

　결국, 거시경제의 전환점 자체를 그 순간에 알기 힘들고(어떻게 경제산업 현장 전체의 평균적인 수치를 매일매일 집계, 가공, 판단할 수 있겠는가) 알 수 없는 거시경제의 정확한 전환점보다도 주식시장은 몇 개월이나 앞서서 상승 혹은 하락 전환되는 관계로, 좋지 않은 경제지표에 매도로 대응하고 좋은 경제지표에 매수로 대응하는 전략은 최악의 전략, 필패의 투자전략이라고 할 수 있겠다. 여기에서 논리적으로 나올 수 있는 두 가지 현명한 전략이 바로 선행적인 예측 혹은 역발상적인 대응인데, 두 전략이 어떤 의미를 지니고 있으며, 현실적이고 효용이 높은 전략은 어느 쪽인지 등을 이후 본서 내용의 일부로 설명할 것이다.

2. 경기하강과 경기침체의 구분

경제 교과서적인 경기침체의 정의는 실질 **GDP**가 전분기 대비 2분기 연속으로 하락(마이너스)하게 될 때를 말한다. 그런데 경기의 상승속도가 둔화되고 고점을 찍고 내려오기 전에 이미 주식시장은 급격한 하락을 시작했음에도 불구하고, 경기 고점을 찍고 난 후 일정시간이 지나서야 경기침체라고 할 수 있는 것이다. 그러므로 주식투자자는 경기침체를 두려워할 필요가 없다. 경기침체의 발표는 이미 폭풍이 다 지나간 후이고, 주가하락폭의 상당부분이 진행된 이후이기 때문에 논리적으로도 경기침체를 두려워하는 것은 말이 안 된다.

경기하강기 전체의 진행 순서는 대략 아래와 같다.
우선 기업의 실적, 소비지출액 증감, 실질 **GDP** 등 각종 경제지표들이 좋은 수치를 보이는 가운데 주식시장은 신고점을 찍으면서 계속 상승하고 있는 단계에서부터 시작하자.
이후 충분한 기간의 지난 경제호황으로 인해 인플레이션이 발생하고 이에 대해 금리를 인상하면서, 경제성장세가 둔화(하락이 아니라 성장률의 둔화)되기 시작한다. 이때에 주식시장은 이미 고점(천정)을 치고 내려가기 시작했으나 주식투자자들은 그 이유를 알지 못한다. 경제수치 상 성장률이 둔화되었을 뿐, 절대적 경제지표 수치들은 아직 증가하고 있기 때문이다.
이후 시기에는 경기가 침체되고 소비지출과 기업실적 역시 악화된다. 주가는 이미 상당히 하락했으며, 위와 같은 식으로 기업들의 실적이 상당기간 악화된 후 후행적으로 실업률이 올라가고 자본지출(시설투자 등)도 감소한다. 주식시장은 지속적으로 추가하락하며, 경제학자들과 정부는 공식적으로 경기침체를 언급하면서 대책이 필요하다고 말한다. 그런데 매우 아이러니컬하게도, 정부가 심화되고 있는 경기침체와 사투를 벌이는 와중에 주식시장이 제일 먼저 바닥을 치고 상승하고, 이어서 각종 경제수치의 하락세가 둔화하면서 저점을 지나게 된다. 하지만 아직 정부와 금융기관, 언론 등은 아직 경기의 반등을 발표할 엄두를 내지 못하며, 여전히 실업률은 높고 자본지출은 급감한 상태이다. (실업률 개선과 자본지출 확대는 본래 경기가 좋아지고 난 후 후행적으로 일어나기 때문)

경제성장률의 하락에 주목

경기하강기의 순서에서 주식투자자가 깨달아야 할 점은, 주식시장의 가장 큰 피해(고점에서의 갑작스런 급락)가 지나간 후에야 경기둔화가(수치의 하락이 아니라 성장률의 둔화이다.) 시작되고, 경기둔화가 진행되고 일정 기간이 지나야만 경기침체가 오기 때문에, 절대적인 수준에서 경기가 좋고 나쁨을 판단하면서 주식투자를 해서는 안 된다는 것이다. 경기의 최고점을 향하고 있을 때 주식을 팔아야만 된다는 것이 바로 매도타이밍의 어려운 점이다. 필자는 예측을 강조하는 편은 아니나, 굳이 투자자들이 예측하면 유리한 지점을 꼽는다면(예측을 대신하는 역발상 대응전략은 후술) 경기침체의 시점도 아니고 경기의 고점도 아니며(경기고점이 되기 전에 주가는 '나홀로' 먼저 하락) 경제성장률의 고점이다.

다시 말하지만, 경제성장률이 하락하는 시기가 위험한 것이다. **GDP**는 계속 올라가고 있지만 그 속도가 하락하기 시작할 때가 가장 위험한 것이다. 주식시장은 현재의 실물경제가 아니라 미래의 실물경제에 대한 기대감으로 움직이므로, 실물경제가 가장 높은 점에 이르기도 전에 그 상승속도가 떨어졌다는 것만으로도 하락 방향으로 꿈틀거리는 것이다. 경제 수치들의 절대적 크기가 아니라, 경제 수치들의 증감율이 하락할 때를(수치의 하락이 아니라 수치증가율의 하락) 조심하고, 그 전에 주식시장에서 일정 부분 자산을 빼내야 할 것이다. 그런 이후 조만간에 주식시장에 큰 피해가 발생할 것이고(갑작스런 급락), 멀쩡히 잘 나가던 기업의 실적들이 후행적으로 악화될 것이기 때문이다.

3. 경기순환주기와 거시투자

경제는 장기적으로 꾸준히 성장하지만 잠재성장률 수준으로 매끄럽게 성장하는 것이 아니라 주기적인 호황과 불황, 즉 경기순환(경기등락)을 겪으면서 성장하게 된다. 앞서 말했듯이 주식투자자에게 있어서 경기의 절대적인 수준보다는 경기순환의 변곡점이 중요하다.

평균적인 경기수준(경제성장률) 이상을 위태롭게나마 유지하는 것이 만족스럽고 그런 상황 자체가 유리한 주체는 정부와 사업가이고, 투자자의 경우는 조금 다르다. 평균적인 경기수준 이하에서 평균적인 경기수준 이상으로 전환되는 구간이 투자자에게는 만족스러운 구간이며, 그 중에서도 특히 경기하락의 속도가 완만해지는 시기부터(턴어라운드를 앞두고 있는) 경기상승의 속도가 감속하기 전까지의(절대적 수치는 물론 성장률 자체가 올라가는) 구간이 최고의 투자수익 구간이 된다. 왜냐하면 주가는 경기가 바닥을 치기 전에 이미 상승하고 있으며, 경기가 천장을 치기 전에 이미 하락을 시작하기 때문이다.

결론적으로 주식시장 투자자들에게는 현재의 경기수준 대비 미래의 경기수준이 중요한 것이므로, 지금이 호황이냐 불황이냐 보다는 경기가 어떤 방향으로 움직이고 있고 그 속도는 어떤지가 중요한 것이다. 경기가 아래 방향으로 움직이고 있지만 속도가 현저하게 줄어들었을 때 투자비중을 늘리고, 경기가 위 방향으로 움직이고 있지만 속도가 줄어들 기미가 보일 때(혹은 한창 속도가 증가하고 있을 때) 투자비중을 줄여야 하는 것이다.

게다가 대한민국의 경우 수출주도형 경제이며(내수인구 5천만 이하, 고속성장으로 인해 비교적 덜 탄탄하게 성장해온 국가의 경우 내수만으로는 절대적으로 부족) 여타 선진국들에 비해서 아직까지는 제조업 비중이 적지 않아 경기순환에 따른 각종 경제수치 등락, 특히 기업들의 실적등락이 심한 편이다. 수출 대상인 글로벌 주요 권역 및 국가들의(중국, 미국, 이머징, EU 등) 경기등락에 따라 기업들의 매출이 등락하며, 주요 비용 중 고정비 효과(매출변동에도 불구하고 일정하게 지출되는 비용)로 말미암아 이익은 더욱 큰 폭으로 등락하는 것이다.

그러므로 대한민국 주식시장에 투자할 경우 경기순환 주기를 대략이나마 파악하는 것이 중요하다. 경기순환주기에는 어떤 것들이 있을까.

재고순환주기(키친사이클)

가장 작은 경기순환 주기는 재고순환 또는 키친사이클이라고 부르는데, 평균 40개월가량으로 주식시장의 중기적인 순환 사이클과 일치한다. 그러나 어디까지나 평균적인 사이클이 이렇다는 것으로 대개 주식시장의 가장 짧은 등락주기는 3~4년으로 볼 수 있지만 예외적으로 5년에 이르기까지 길어질 수도 있으므로 수학적인 맹신은 곤란하다. 물론 직전 사이클이 5년까지 늘어난 경우 다음 사이클은 보다 짧을 수 있다.

재고순환주기는 제조업 등 주요 장치산업의 재고가 증가하고 감소하는 사이클을 의미하는데, 한국의 경우 수출주도국으로서 국내 장치산업의 재고순환뿐 아니라 글로벌 주요 국가(미국, 중국 등)의 재고순환에도 큰 영향을 받는다.

설비투자주기(주글라 사이클)

그보다 좀 더 긴 사이클로는 설비투자순환 또는 주글라 사이클이 있으며, 대략 10년 정도의 주기를 보인다. 역사적으로 대개 주글라 사이클은 키친사이클을 두 번 내지는 세 번 정도 포함해 왔다. 3~5년의 주식시장 등락사이클을 기준으로 앞 사이클과 뒤 사이클을 비교하면, 지속적으로 고점을 높이고 저점을 높이는 식으로 주식시장은 상승해왔지만, 주글라 사이클인 10년가량을 기준으로 주식시장을 살펴보면 보다 뚜렷한 주기적인 고점을 볼 수 있다.

설비투자주기는 신용확대와 설비투자 확대, 신용축소와 설비투자 감소 등 신용과 설비투자의 사이클을 의미한다. 아직 선진국들에 비해서 제조업의 비중이 높고 서비스, 금융 부문의 비중이 낮은 한국의 경우 10년 정도의 설비투자순환과 잘 맞는 편이다.

부동산순환주기(쿠즈네츠 사이클)

다음으로 부동산의 순환주기로 알려진 쿠즈네츠 사이클이 약 18년 정도이며, 기술혁신에 따른 초장기 경기순환으로 50년 전후의 콘드라티예프 파동 등이 있다. 주식투자를 위한 주식시장의 사이클로는 키친순환과 주글라 순환 등 두 가지를 함께 보는 것이 보다 효과적이며, 부동산 순환주기와 기술 순환주기까지 대입하여 파악할 필요는 적다. 다만, 주식시장의 상승세와 부동산시장의 상승세가 겹치거나 주식시장의 하락세와 부동산시장의 하락세가 겹칠 경우, 경기의 등락 폭이 훨씬 더 깊고 커진다는 정도로 알고 이를 역이용하면 족하다.

즉, 가장 짧은 키친순환이 두세 번 정도 지나가면서 주글라 순환을 만나게 되는 약 10년 전후의 기간에, 키친순환만의 작은 경기등락 몇 번과 주글라 순환과 겹쳐지는 큰 경기등락을 겪게 되므로, 주식투자자가 경기등락의 방향과 속도, 주식시장의 평가결과(고평가, 저평가) 등을 참조하여 효과적인 주식운용을 하는 데 충분한 도움을 준다.

그러므로 주식투자자의 호흡은 최소 3~5년 정도를 유지하면서 투자비중의 확대와 축소를 번갈아 조정할 수 있고, 보다 긴 호흡을 함께 가질 경우, 키친순환과 주글라 순환을 동시에 고려하여 10년 정도를 주기로 투자비중의 대대적인 확대와 대대적인 축소를 할 수도 있다. (쿠즈네츠 사이클과 만날 경우 보다 확대될 수 있다. 가장 최근의 대한민국 재고순환, 시설투자순환, 부동산순환 등 동시 고점 사례는 2007년을 들 수 있다.)

주식시장의 4계절

한편, 주식시장은 경기등락보다 선행하여 상승하고 하락한다. 즉, 경기바닥이 오기 전에 주가바닥이 오며, 경기상승이 가속화됨에 따라 추가적인 주가상승이 이어지고, 경기상승이 둔화되면서 경기천정 전에 먼저 주가천정이 오고, 이미 주가가 어느 정도 내려간 후 본격적인 경기하락 국면이 시작된다.

더불어 이렇게 주식시장이 순환하는 움직임을 비전문가도 이해하기 쉽게 4계절로 비유한 우라가니 구니오의 주식장세를 간단히 정리한다. 다만, 수십 년간 일본 주식시장의 움직임을 주로 참조해서 경험적으로(연역적이 아니라 귀납적으로) 주식시장을 4계절로 비유한 것이며, 대체로 그 흐름은 참조할 필요가 있지만 어떤 경우에든 만능으로 적용할 수 있는 이론은 아님을 밝혀둔다. (주식역사에서는 예외적으로, 겨울 없이 가을에서 바로 봄으로 진행되기도 하고, 봄과 겨울이 서로 순환하면서 생각보다 길어지기도 한다.)

우선 주식시장의 봄은 금융장세로서, 경기는 침체되어 있고 실업률은 올라가고 있음에도 불구하고, 정부의 재정확대와 기준금리 인하 등으로 침체된 경기와는 달리 주식시장이 먼저 기대감으로 상승한다. 얼음을 깨고 나오는 봄에 이어서 경기가 실제로 회복되면서 주가도 추가적으로 상승하는 긴 실적장세, 주식시장의 여름이 이어진다.

이후 경기는 여전히 좋고 실업률은 낮지만 경기과열과 인플레이션 우려로 금리 인상 등 긴축정책을 시작하면서 (경기가 좋은데도 불구하고) 갑자기 주가가 급락하는 역금융장세, 가을이 찾아온다. 마지막으로 경기하락 및 침체가 시작되고 기업의 실적감소와 함께 주식시장이 추가적으로 하락하는 역실적장세가 찾아온다. 역실적장세가 바로 주식시장의 겨울에 해당하며 다음 번 봄이 멀지 않았음을 알게 된다.

이상 경기등락에 대한 주식시장 등락의 선행성, 그리고 주식시장의 사계절 순환 등을 이해한 독자들께 한 가지 팁을 드리자면, 선행성을 가지는 주식시장에서 가장 중요한 것이 변곡점이듯이 주식시장의 사계절 중에서 가장 중요한 타이밍은 바로 봄과 가을이다. (여름과 겨울이 아니다.)

여름과 겨울은 비교적 단순하다. 경기가 좋고 주가도 좋거나, 경기가 나쁘고 주가도 나쁜 상황에는 복잡한 미래예측이 필요없다. 반면에, 아직 일부 얼음이 녹지도 않았는데 봄이 시작되면 수많은 아마추어 투자자들은(개인 및 기관투자자의 태반 이상) 큰 수익을 올릴 수 있는 매수의 기회를 놓치게 되며, 아직 추운 겨울이 오지도 않았는데 단풍과 함께 가을이 시작되면 큰 손실을 막을 수 있는 매도의 기회를 놓치게 된다.

예측과 역발상의 필요성

이상 거시경제의 순환주기와 주식시장의 순환주기를 통해 주식투자에 있어서 손실을 줄이고 이익을 극대화하기 위한 방법론은 두

가지가 있다. 예측과 역발상이 바로 그것이다.

우선 예측 방법의 아주 기본은, 경기가 하락할 시기를 피하기 위한 예측이 아니라 경기상승속도가 한 풀 꺾이고 과열징조가 보이는 시기(고점의 직전)에 투자축소를 하기 위한 예측이 필요한 것이며, 경기가 실제로 개선될 시기를 포착하기 위한 예측이 아니라 경기하강속도가 둔화되고 정부의 경기진작이 시작될 시기(저점의 직전)에 투자확대를 하기 위한 예측이 필요한 것이다.

다음으로 역발상의 가장 핵심은, 경기가 상당히 좋으며 실물경기의 호전보다 기대심리가 더욱 커서(역사적으로 이때가 대략 경제성장률 자체는 최고치일 경우가 많다.) 이미 상당히 상승해온 주식시장이 추가적으로 가파른 상승국면을 보일 때 투자축소를 준비하는 것이다. 또한 경기가 이미 상당히 침체되어 있으며 실물경기가 침체된 정도보다 우려와 공포감이 더욱 커서(이때를 전후로 대략 주식시장은 바닥이다.) 주식시장이 커다란 거래량과 함께 추가 하락할 때 투자확대를 준비하는 것이다.

즉, 필자가 말하는 예측과 역발상 방법은 사실 크게 다르지 않은 방법이다. 같은 보석을 어느 각도, 어느 방향에서 보는지에 따라 조금 다르게 보이는 정도일 뿐이다.

필자가 말하는 예측은 무엇이 언제 올 것인지 알아맞히는 도박성 예측이 아니라, 가장 파티장이 북적거릴 때(가장 북적거리는 타이밍은 VIP만 참석했을 때가 아니라 일반인들까지 떼로 몰려올 때) 슬그머니 와인 잔을 내려놓고 파티장을 나서는 역발상적 예측을 말한다. 그리고 필자가 말하는 역발상은 모두가 동쪽으로 갈 때 서쪽으로 청개구리처럼 가는 것이 아니라(무조건적인 반대로 수익을 내는 것은 아니다.) 대중들이 동쪽으로 지나치게 많이 갔을 때, 즉 동쪽으로 이미 너무 많이 가서 이제는 움직이는 속도가 처지기 시작할 때, 향후 움직임을 멈추고 반대 방향으로 움직일 것을 대비하는(예측이라기보다는 대비) 역발상을 말한다.

제대로 된 역발상 투자전략에는 향후 반작용에 대한 예측이 어느 정도 포함되어 있고, 제대로 된 예측투자전략에도 현재의 상황이 끝 간 데 없이 가속화될 수는 없다는(이 정도 성과에서 이성적으로 만족하고자 하는) 역발상이 어느 정도 포함되어 있는 것이다.

3부에서 간접적으로, 4부에서는 직접적으로 다시 설명하겠지만 예측을 포함한 역발상이 성공하며, 역발상을 포함한 예측이 성공하는 것이다.

예측과 역발상을 겸하여 손실을 줄이고 수익을 늘리기 위해서, 이번 장에서 설명한 경기순환과 주식시장 순환의 관계, 경기순환 및 주식시장순환의 주기 등을 이해하면 확실하면서도 충분한 효과를 보게 될 것이다.

/2장/
인플레이션과 주식시장, 대응전략

1. 통화, 인플레, 이자율이 주식에 미치는 영향

금본위제도의 폐지

영국 정부는 그 전부터 200년 이상 유지되어온 금본위제도를 1931년부터 중단했다. 이후 영국에서와 마찬가지로 미국에서도 금본위제도를 중단했으며, 시간을 두고 순차적으로 모든 국가들이 금본위제도를 폐지했다.

이것은 무엇을 의미할까? 금본위제도 하에서 모든 국가의 통화는 일정량의 금에 고정되어 있었고, 모든 국가들의 통화는 금을 기준으로 가격이 매겨져 있었다. 그렇기 때문에 무역적자에 시달리는 국가는 외국으로 금이 유출되고, 은행은 때때로 금이 부족하여 고객의 상환요구를 들어줄 수 없었다. 즉, 화폐를 공급하고 통제하는 기능이 정부에 없고 금에 있었으며, 경기침체에 대응하기 위한 수단이 별로 없었다.

(거시경제적인 위기에 효과적으로 대응할 수 없기에 금본위제도는 치명적인 약점을 지니고 있고, 다시 부활하기에 어려움이 있다. 금본위제도로 돌아가기 위해서는 모든 국가가 엄격하게 외환통제 경제를 다시 도입해야 하며, 금 보유고를 잃거나 자국 통화가치가 하락하는 것을 막기 위해 중앙은행이 통화량 공급조절 기능을 포기해야만 하기 때문이다.)

반면에 금본위제도가 폐지된 이후, 각국 정부는 유동성을 공급하고 신용을 완화하는 수단을 통해 때때로 침체된 경기를 살려낼 수 있었다. 이제 현대 정부는 과도한 인플레이션을 방지하고 적정한 수준의 인플레이션을 유지하는 한도 내에서, 화폐 공급량을 조절할 수 있게 되었다. 이것이 의미하는 바는 매우 크다. 경기가 호황일 때는 인플레이션 압력이 커지고, 경기가 침체되어 있을 때는 인플레이션 압력이 완화되거나 심지어 일부 디플레이션 상태를 보일 수 있지만, 초장기적으로 보았을 때 일정한 범위 내의 인플레이션은 피할 수 없고, 이는 긴 시간이 흐를수록 현금과 채권보다 주식이 매우 유리해진 것이다.

인플레이션의 효과

화폐를 공급할 권리가 정부에게 주어진다는 것은, 정부가 경제 불황기에 경기부양을 위해서(경기부양을 하지 않아서 침체가 길어지는 것을 피하려고) 유동성을 확대한 결과, 서서히 물가가 회복하기 시작하며(공급이 늘어난 화폐의 가치하락) 이후 수요가 확대되는 경제호황기에는 상품과 서비스의 가격이 더욱 오르고 화폐가치가 떨어지는 인플레이션 현상이 일어난다는 말이다. 다만 정부는 급격한 인플레이션도 피하려고 하고(금리 인상과 유동성 축소) 디플레이션도 피하려고 하기에 (금리 인하와 유동성 확대) 장기적으로는 일정 범위 내의 목표 인플레이션을 정하여 그 안에서 유지하게 된다.

여기에서 주식이 비로소 자연스럽게 유리해지는 것이다. 주식은 기업이라는 실물자산의 부분적인 소유권이다. 주식투자자는 기업을 소유하며, 기업은 제품, 상품, 서비스를 통해 수익을 창출하고, 장기에 걸친 인플레이션은 제품, 상품, 서비스의 가격을 올리게 된다. 즉, 주식투자자는 물가가 오르는 일상생활 속 한 켠에서 그만큼 수익이 증가한 기업을 투자자산으로(주식) 소유하고 있기에, 장기적으로 인플레이션을 이겨내는 수익률을 올릴 수 있다. 하지만 화폐량이 고정되어 있는 현금은 물론, 일정 수익률의 금리를 보장하는 채권 역시 주식처럼 그런 효과를 발휘할 수는 없다. 금리는 고정되어 있는데 인플레이션이 발생할 경우(실질금리가 하락할 것이며, 때때로 실질금리가 마이너스가 되기도 하므로) 채권의 가치는 떨어진다. 물론, 주식도 주기적으로 금리인상 시에는 손실을 입는다. 하지만, 금리인하 시에는 타 자산 대비 초과수익을 내며, 어디까지나 장기평균적인 주식자산의 수익률이 좋다는 얘기이다.

(필자가 가치투자 전문가이기 때문에 그런 것이 아니라, 어떤 나라의 주식이든 당연히 그 나라의 현금과 채권보다 더욱 유리해야 한다. 주식이 유리하지 않으면 기업의 설립과 투자가 감소하며, 이는 타 국가 대비 경제성장 둔화로 이어지기 때문이다.)

이자율의 영향

한편, 이자율은 주식과 채권에 어떤 영향을 미치는가.

이자율은 주식과 역의 상관관계를 지닌다. 기준금리가 인상되고 이자율이 오르면 주식시장에서 보다 안전한 자산으로 자금이 빠져나가려는 압력을 받는다. 반대로 기준금리가 인하되고 이자율이 하락하면 안전자산에 만족하지 못한 자금이 주식시장으로 오려는 압력을 받는다.

채권의 경우는 조금 독특하다. 고정금리를 지급하는 각종 채권의 경우 금리가 오르면 기 매수한 채권가격이 내려간다. 만기까지 보유할 경우 별 상관이 없지만 매매 거래를 할 경우에는 손실을 입게 된다. 예를 들어, 기준금리가 2%일 때 2% 금리로 발행된 채권이 있다고 하자. 이후 기준금리가 4%로 상승하여 해당 채권이 새로이 4% 금리로 발행된다면 기존에 2% 금리로 발행된 채권은 새로이 발행된 채권 가치보다(이자금액이라는 현금흐름을 기준으로) 낮은 가치를 보인다. 그러므로 당연히 채권가격이 하락한다.

그러면 채권투자의 경우에는 어떻게 해야 할까? 당연히 금리가 최고치에 있을 때 발행된 채권을 매수해서 금리가 상당히 낮아진 이후 채권을 매도하면 된다. 고금리 시절에 6% 금리로 발행된 채권을 매수하여, 이후 신규 채권의 금리가 2%일 때 매도하게 되면(이자수익이 세 배나 차이 난다.) 수익률이 극대화된다.

하지만 언제까지나 채권의 장기수익률은 주식의 장기수익률에 비할 바가 아니므로(기간이 길어질수록 점점 더 형편없어진다.) 주식자산에 투자하는 와중에 주식자산의 가격변동성을 활용하기 위한 수단으로 채권을 활용하는 편이 효과적이다.

지금까지 이번 장에서 설명할 도입부를 정리했다. 금본위제도가 종말을 고하고 각국 정부가 화폐공급량을 조절하게 됨으로써, 장기적으로 적당한 수준의 인플레이션만은 피할 수 없게 되었다. 그렇기 때문에 정부가 화폐공급량을 조절하는 현대 자본주의 시대에 있어서 주식자산은(그 이전의 시대에 있어서도 예금, 대출보다는 투자자산의 장기수익률이 가장 높았지만) 현금과 채권 등 기타 자산에 비해서 장기수익률이 더욱 높아졌다. 주식자산의 수익률 특성은 적정 수준의 인플레이션으로 인해서 긴 시간 동안 유리하고 과도한 인플레이션이 유발하는 금리인상으로 인해서 주기적으로 불리해지는 모습을 보인다. (이 부분은 추후 인플레이션과 금리에 대한 내용에서 보다 더 깊이 다룰 예정이다.)

2. 인플레이션의 형태와 영향

인플레이션의 형태는 수요견인 인플레이션, 원자재 가격발 인플레이션, 인건비견인 인플레이션 등으로 원인에 따라 다양하다. 그중에서 수요견인 인플레이션과 인건비견인 인플레이션을 간단히 설명하고자 한다.

우선 수요견인 인플레이션은 제품, 상품, 서비스의 공급량의 증가속도보다 수요의 증가속도가 가파를 때 발생한다. 이때는 소비가 확장되며 기업의 실적이 개선되는 호경기로, 특히 기업실적개선에 가속도가 붙는다. 수요견인 인플레이션보다 심각한 것이 인건비견인 인플레이션이며, 인건비가 상승하면 비용이 제품가격에 그대로 전가되어 시간차를 두고 다시 인건비 인상요구가 거세어지게 된다. 적정한 수준의(잠재성장률과 장기 금리추세 등을 고려) 임금상승률을 초과하는 임금인상이 왜 위험한가 하면, 근본적인 경쟁력의 개선(브랜드나 품질 개선, 획기적인 생산성 증가 등) 없이 임금인상에 의해 제품가격이 인상되면 국내외 경쟁사 대비 경쟁력이 떨어지며, 그보다 심각한 것은 한 번 올라간 임금은 잘 내려올 수 없다는 것이다. 그 결과 기업은 매출과 이익이 줄어들어 투자를 줄이고 일부 노동자를 해고할 수밖에 없게 된다.

인플레이션이 지속되고 심화되면 화폐가치가 하락할 것을 우려하여 도미노식으로 연이어서 인플레이션에 동참하는 것이다.
예를 들면, 수요견인 인플레이션이 발생한 후 초조해진 근로자들의 요구로 인건비 견인 인플레이션이 이에 겹치고, 물가와 인건비가 상승한 것에 자극받아 화폐가치의 손실을 보전하기 위해서 지속적으로 안전자산에서 위험자산으로 투기가 자행된다. 또한 투기로 인해서 각종 자산(부동산, 주식, 그림 등 예술품, 귀금속 등)의 가격이 상승하고, 부의 효과로 소비가 더욱 증가하면서 물가는 더욱 오르는 일련의 현상이 키맞추기식 인플레이션인데, 이런 현상은 매우 위험하다.

왜냐하면 부문 별로 시로 자극을 주면시 심화되는 인플레이션 재앙(자주 발생하는 일이 아니므로 재앙이라 할 수 있다.)은 경기의 호황을 넘어서서(호황만 해도 평균수준을 넘는 것인데도) 심한 거품을 발생시키는 현상이기 때문이다. 거품은 누가 뭐라고 해도 크면 클수록 더 큰 후유증을 남길 뿐이다. 거품과 폭락이 크게 그리고 자주 발생할수록 소득불균형이 심해진다. 이는 자체 투자분석능력이 좋은 개인과(대개 엘리트나 자산가) 기업(큰 규모의)에 비해서, 평균적인 생산직 기반 중산층과 서민층 대부분의 부를 상대적으로 축소시키기 때문이다.

인플레이션과 정부, 주식시장

한편, 인플레이션은 주식시장에 어떤 영향을 미치는가.

앞서 설명했듯이 인플레이션 자체는 주식이라는 자산특성상(제품, 상품, 서비스를 판매하는 기업의 소유권) 이익이 될지언정 해가 되지는 않는다. 특히, 원가 상승분을 제품가격에 그대로 적용할 수 있는 산업군이나(독과점) 기업들의 경우 상당히 이익이 늘어나기도 한다. 인플레이션 자체가 주식시장에 심각한 위협이라기보다는, 과도한 인플레이션을 막기 위한 정부의 조치 중 금리인상 등 신용정책(신용에 의한 소비와 투자를 억제)이 주식시장에 나쁜 영향을 주는 것이다. 결국, 목표 인플레이션과의 차이, 정부 정책의 방향, 통계, 언론 등에 기반하여 현재의 인플레이션 발생 정도를 판단하고, 정부가 신용을 축소하기 위한 정책을 사용하기 전에(이쯤 되면 주식시장은 중기적으로 고점 근처) 주식자산의 비중을 얼마간 줄여줄 필요가 있다.

과도한 수준의 인플레이션이 발생했을 때 정부는 주로 어떤 정책들을 쓸 수 있으며, 주식시장에 대한 정책의 효과는 어느 정도일까. 그 영향력에 따라서 기본적인 것만 살펴보자. 과도한 인플레이션을 막으려고 정부가 세금인상이나 재정집행 축소 등을 시도하는 과정에서는 구매력이 하락할지라도 증권시장은 별로 하락하지 않는다. 한편, 정부가 금리를 인상하고 유동성을 흡수할 때는 주식시장이 바로 하락운동을 시작한다.

비유하자면, 정부가 돈을 덜 쏟아 부으면(재정집행 축소) 주식시장의 상승속도를 늦출 뿐이지만, 시중에 돈 자체가 줄어들고 귀해지면(금리를 높이면) 주식시장에 찬물을 확 끼얹는 셈이라고 할 수 있다. 보다 자세한 내용은 바로 다음 소주제에서 다루기로 한다.

디플레이션의 영향

한편, 물가상승률이 하락하거나 물가 자체가 하락하는 디플레이션은 산업 부문에 부담이 되는데, 화폐가치가 상승한 만큼 부채와 이자부담이 커지고, 제품가격 인상이 어렵고 가격이 동결되어 수익이 악화되므로, 비용 삭감을 위해 투자와 고용을 줄이게 된다. 대부분의 소비자들이 물가안정을 원하지만, 적절한 범위 내의 완만한 물가상승이 아니라 물가 자체가 오르지 않게 되면 가계소득이 결과적으로 감소(기업의 급여 삭감 및 해고와 이에 따른 자영업자 수익 감소 등)하게 되므로, 적정 수준 미만의 물가상승은 가계에 별로 도움이 되지 않는다. 또한 디플레이션은 주식과 부동산 등의 가격하락도 유도하게 되는데, 특히 이런 투자자산에 자기자본만이 아니라 부채를 과도하게 짊어지고 투자한 경우 심각한 문제가 될 수 있다.

3. 인플레이션, 디플레이션과 정부개입

과도한 인플레이션, 그리고 디플레이션(디플레이션은 그 자체가 경제를 악화시킨다.)을 막기 위해서 정부는 상황에 적절한 대응을 한다. 정부의 개입은 과도한 인플레이션을 방지하여 이후 발생할 경기침체의 깊이와 수준을 낮추려고 노력하며, 디플레이션을 방지하여 경기침체로부터 벗어나기 위해 노력하는 등, 정부개입이 없었다면 훨씬 커질 수 있었던 경기 변동의 폭을 좁히려는 의도가 있다.

정부의 재정정책

정부 정책 중 하나로 재정정책을 들 수 있다. 재정정책은 스스로 일어서기 어려울 정도로 침체되어 있는 민간 부문 대신에 정부가 직접 재정을 집행하는 것이다. 공공부문에서 건설 및 토목, 환경 등 파급력이 큰 분야의 사업을 주도함으로써 한시적으로나마 기업에게 이익을, 근로자에게 급여를, 실직자에게 고용상태를 제공하는 것이다. 재정정책의 효과에도 불구하고 정부는 무한정 재정정책을 쓸 수는 없는데, 그것은 정부가 벌이는 사업도 돈이 드는 것이며, 재정정책을 위해서 주로 채권을 발행하기 때문에(정부가 항상 충분한 현금을 가지고 있지는 못하므로) 결국 훗날의 빚을 늘리는 것이기 때문이다. 그럼에도 불구하고 디플레이션을 우려한 정부의 재정정책은 어느 정도 효과를 발휘하며, 인플레이션이 발생하기 전에 재정지출을 줄이면 비교적 부작용이 없이 경기가 회복될 수 있다.

정부의 조세정책

이렇게 직접 정부가 돈을 쏟아 붙는 방법(정부가 소비하는 방법) 외에 기업과 소비자가 돈을 쓰게 하기 위해서 세금을 감면하는 조세정책도 있다. 경기부양을 위한 조세정책 역시 정부가 걷어온 세금 중 일부를 여러 가지 형태로 감면함으로써 기업과 개인에게 직접 돈을 주는 것과 유사한 효과를 지니며, 기본적으로 재정이 취약한 정부의 경우(재정정책과 마찬가지로) 쉽게 쓸 수는 없다는 한계가 있다. 또한, 조세정책을 이랬다가 저랬다가 하는 것, 특히 주기적으로 기업에 불리한 조세정책을 펴는 것은 바람직하지 않다. (경영환경이 불확실한데 해외 사업자는 물론, 국내 사업자도 적극적으로 투자할 리가 만무하다.)

중앙은행의 금리정책

정부의 재정정책과 조세정책처럼 정부가 돈을 쏟아 붙거나 민간에게 돈을 덜 걷는 직접적인 방식이 아니라, 소비와 투자를 진작시키기 위해서 간접적으로 유리한 환경을 조성해주는 또 다른 방식이 있다. 간접적인 방식에도 불과하고 매우 강력한 효과를 지닌 것이 바로 중앙은행의 금리정책이다. (모든 자본은 리스크 대비 높은 수익률을 찾아 헤맨다는 것을 이해한다면, 금리를 낮춘다는 것이 얼마나 큰 위력을 발휘하는지 알 수 있을 것이다.)

기준금리가 높을 경우 기업들의 투자가 축소되고 개인의 소비도 줄어들며 위험자산의(주식, 부동산 등) 가격도 하락한다. 반대로 기준

금리가 낮을 경우 투자수익률 대비 대출이자율이 낮으므로 기업들의 투자가 확대되고, 금리가 낮은 관계로 위험자산의 가격도 상승하며, 경기개선과 부의 효과(자산가격이 상승한 데 따른 결과)로 소비도 증가한다.

대략적인 금리와 경기순환 순서를 아래와 같이 정리한다.

거시경제적으로 경기상승세가 과도할 경우 인플레이션을 우려하여 정부는(중앙은행) 기준금리를 올리고, 기준금리의 인상과 함께 주식과 부동산에 대한 수요가 감소하여 투자자산의 가격이 하락하게 되는데, 시간을 두고 실물경제도 자연스럽게 둔화(이자비용이 상승했으므로, 투자활동 및 영업활동 모두 타격을 입는다.) 및 하락하게 된다.

반면에 경기침체가 상당한 수준으로 진행이 되면 정부는 더 이상 좌시하지 않고(재정이 언제나 넘치는 것이 아니므로 미리미리 집행할 수 없기에) 금리를 인하한다. 금리가 내려가면 기업의 이자비용 부담이 줄어들고 주식시장 등 투자자산 가격이 상승하며, 이후 기업의 실적과 개인의 소비가 회복함에 따라서, 서서히 기업들의 투자도 살아난다.

유동성 조절 정책

한편, 정부나 중앙은행이 유동성을 공급하는 대응방법도 있다. 우리나라의 경우 한국은행이 채권을 발행하면서 시중의 돈을 빨아들여 유동성을 줄일 수도 있고, 한국은행이 채권을 다시 사들이면서 시중으로 돈을 풀어서 유동성을 늘릴 수도 있다.

또한 시중은행들이 보다 적극적으로 대출해주어 신용을 확대할 수 있도록 한국은행이 지급준비율을 낮추거나, 반대로 경기과열을 식히기 위해서 시중은행들의 대출을 축소시키려고 한국은행이 지급준비율을 높이는 등 지급준비율 조정을 통해서도 유동성을 조절할 수 있다.

위와 같이 재정 및 조세정책, 금리정책과 유동성 조절 정책 등을 통해 정부(및 중앙은행)는 경기과열을 억제하고 경기침체에서 벗어나게 한다. 주식투자자들이 주목해야 하는 부분은 정부의 역할과 중요성이 아니라 정부가 어떤 방향의 정책을 펼지, 그 시기가 임박해 있는지 관심을 갖고 관찰하는 것이다. 즉, 한창 경기가 좋고 주식시장이 지속적인 상승을 보일 때는 정부가 언제 과열을 막기 위한 정책을 집행할지 항상 조심하면서 조금씩 주식비중을 줄여나가야 하고, 반대로 경기가 침체되고 주식시장이 하락에 하락을 거듭할 때는 정부가 언제 침체에서 벗어나기 위한 정책을 집행할지 항상 기대하면서 조금씩 주식비중을 늘려나가야 한다.

4. 인플레이션과 거시투자

평균적인 물가상승률을 넘는 인플레이션이 금리 인상을 부르는 것은 시간문제일 뿐이다. 인플레이션의 근본적인 원인과 요소, 인플레이션 예측 등을 간단히 설명한다.

인플레이션의 원인

수요 견인, 비용 견인 등 인플레이션의 형태는 다양하다. 하지만 어떤 형태의 인플레이션이건 무관하게 대부분 저금리가 전제조건이 된다. 고금리 하에서는 수요가 크게 확장할 수 없고, 비용 역시 (다른 원인에 의해 일시적으로 상승할 수는 있지만) 크게 상승할 수 없다.

한 국가의 중장기적인 잠재성장률과 물가상승률, 기준금리 등은 밀접한 관계를 가지고 있어서 이 중 어느 하나 혹은 둘만 중장기적으로 상승하거나 하락할 수는 없다. 모두가 같은 방향으로 움직이게 마련이다. 그런데 경제가 성숙화함으로써 과거 대비 잠재성장률이 낮아진 국가가 과거와 같이 높은 경제성장률을 이룩하기 위해서 (대개 장기적이고 현명한 관점에서 기인한 것이 아니라, 정치적으로 표심을 얻거나 유지하기 위해서) 기준금리를 인위적으로 낮추면 어떻게 될까. 앞서 설명했듯이 기준금리를 낮추게 되면 우선 투자자산의 가격이 상승하고, 이어서 소비가 보다 적극적이 되고 마지막으로 기업의 투자활동 역시 살아나게 된다. 경기 자체는 일시적으로 호황으로 향하는 것이다. 다만, 잠재성장률을 초과하는 경제성장률이 지속되는 기간

내내(인위적인 아드레날린 과다분비는 이후 극심한 피로를 초래) 물가는 가파르게 상승할 수밖에 없다. 이후 과도한 인플레이션으로 인한 고통을 (물가상승, 부의 불균형 심화, 기업경쟁력 약화 등) 줄이기 위해서는 적정한 시기 내에 금리인상 등 긴축정책을 펴야 하는데, 표심 등을 우려하여 정부가 무책임하게 다음 정권으로 긴축정책을 미루게 되면, 훨씬 더 커진 버블(거품)이 다음 정권에서 터지면서 깊고 큰(일찍 터뜨렸을 경우 얕고 작았을) 경기침체를 겪게 된다. 일찍 금리를 인상하고 짧게 끝내는가, 금리인상을 최대한 늦추고 길고 힘들게 끝내는가의 문제일 뿐이다.

물가상승 요소와 순서

그러면 물가가 상승한다고 할 때, 물가상승의 요소와 순서는 무엇일까. 물가 관련 개념 중에는 소비자물가와 생산자물가가 있다. 이 중 생산자물가는 원가와 관련되어 있다. 생산자물가가 오르면 원가가 상승하여 조만간에 제품가격을 올리게 되어 있다. 물론, 독과점을 이루고 있는 기업들, 브랜드와 경쟁력이 좋은 기업들은 비교적 빨리, 그 이외의 기업들은 천천히 제품가격을 올리는 편이다. 어쨌든 생산자물가가 급격히 상승하면 기업들이 결국 가격을 올릴 수밖에 없으므로 소비자물가 역시 시차를 두고 따라서 올라간다. 생산자물가지수는 한국은행경제통계시스템 사이트에서 주제별 통계 중 물가〉생산자물가지수의 순으로 찾아서 참조할 수 있다.

소비자물가 관련해서는 통계청 E-나라지표에서 소비자물가, 근원물가, 생활물가 상승률을 월별로 제공하고(경제〉거시경제〉물가동향 순으로 참조) 있다. 이 중에서 소비자물가와 근원소비자물가의 차이를 설명하자면, 농수축산물과 석유류 등 경기의 수준과 무관하게(기후와 가축의 질병, 국제유가 등의 영향으로) 가격변동성이 높은 품목을 제외한 통계는 근원소비자물가이며, 농수축산물과 석유류까지 포함한 통계를 소비자물가로 이해하면 된다. 그러므로 본질적인 물가의 수준을 알고자 한다면 근원소비자물가의 추이를 살펴보면 된다.

생산자물가보다는 근원소비자물가가 더욱 중요하다. 근원소비자물가는 별로 오르지 않고 있는데 생산자물가가 가파르게 오르고 있다고 해서 중앙은행이 금리를 올리는 일은 별로 없을 것이다. 생산자물가가 상승하여 시간적 차이를 두고 근원소비자물가마저 가파르게 오르고 있거나, 생산자물가가 아닌 다른 이유로 근원소비자물가가 가파르게 오르고 있을 때 중앙은행의 행보, 은행장의 발언 등을 유심히 살펴볼 필요가 있는 것이다.

지금까지 간단히 설명한 바를 정리해보면, 금리가 인상되면 주식시장은 하락하며, 인플레이션이 가파르게 진행되면 금리가 인상될 가능성이 점차 커지며, 인플레이션의 형태는 대략 생산자물가가 상승하고 일정 시차를 두고 근원소비자물가가 상승하는 형태로 나타난다.

기업 설비가동률의 순환요소

여기에 기업 설비가동률의 순환요소까지 포함하여 이해해보자. 기업의 설비가동률 순환의 순서는(일정 시간을 두고) 민간소비 감소와 기업실적 감소, 설비가동률 하락 감내, 설비투자 축소와 일부 자산 매각, 민간소비 회복과 기업실적 회복, 설비가동률 상승, 이후 설비투자 확대, 민간소비 감소와 기업실적 감소 등의 순서를 순환적으로 따른다. 이때 민간소비가 회복된다고 해서 설비투자를 바로 확대하는 것이 아니라 일정기간 동안 기존 설비를 활용하여 설비가동률을 높이는 것으로(상식적으로 확대된 수요가 일정 기간 이상 지속되어야 사업주가 비로소 시설을 확대하지 않겠는가.) 대응한다는 것을 알 수 있다. 기존 설비를 평균적인 가동률보다 높은 가동률로 활용할 때 설비나 인력, 원재료 등 여러 면에서 생산자비용이 상승하게 된다. 즉, 주식투자자는 각 단계별로 시차를 두고 제조업 설비가동률 상승, 생산자물가 상승, 근원소비자물가 상승, 금리인상과 동시에 주가하락 등이 순환하는 전체 과정을 이해할 필요가 있다. 물론 제조업 설비가동률에 앞서는 것이 민간소비의 증가이며, 이는 주식시장의 상승을 역발상적으로 예측하거나 상승에 미리 대비하기 위한 다른 주제로 이후 본문에서 다룰 예정이다. 한편, 한국은행 경제통계시스템 사이트에서 주제별 산업 및 고용〉제조업〉제조업가동률지수 등의 순으로 들어가면 월별 가동률지수를 참조할 수 있다.

위 내용에서는 주식시장의 하락을 역발상적으로 예측하거나 하락에 미리 대비하기 위해서, 제조업 설비가동률의 상승에 힘입어 생산자물가, 근원소비자물가 등이 상승하는 것을(제조업 설비가동률, 생산자물가, 근원소비자물가의 순으로) 경계의 눈으로 지켜봐야 한다는 것을 알면 족하다. 핵심 포인트만 말하자면 근원소비자물가가 평균적 추세보다 가파르게 상승할 때는, 한편으로 주식시장에서 수익을 누리면서도 다른 한편으로 주식비중을 점진적으로 축소하거나 주식시장을 관찰하는 주기를 이전보다 짧게 하는 등 향후 주식시장에서 나올 준비를(투자포지션을 가볍고 유동적으로) 해야 한다는 말이다.

한편, 물가가 가파르게 상승할 경우 금리인상이 우려되기 때문에 주식시장이 하락하기 전에 주식자산의 비중을 줄여야 하지만, 설상가상으로 과열된 경기수준 하에서 경상수지마저 적자로 전환되었다는 뉴스가 나온다면(경기과열 시에는 가계의 저축률 하락, 소비 확대, 기업의 투자확대로 인해 경상수지 적자 가능) 특히 조심해야 한다. 이는 물가상승으로 인한 금리인상과 경상수지 적자로 인한 환율급등이라는 두 가지 악재가 동시에 발생할 수 있기 때문인데, '4장. 환율, 원자재와 주식시장, 대응전략' 편에서 구체적으로 다시 설명할 예정이다.

/3장/
금리등락과 주식시장, 대응전략

1. 경제성장, 금리순환과 활용

평균보다 높은 수준의 인플레이션은 향후 금리인상을 초래하게 되며(시기의 문제일 뿐), 금리인상 이후 평균보다 낮은 수준의 인플레이션 혹은 심지어 디플레이션 상황은 향후 금리인하를 야기한다고 설명했다. 그런데 금리 인상과 인하가 주식시장에 미치는 유불리를 알기만 하지 말고, 금리의 결정 요인, 금리의 속성과 활용 등에 대해서 알아보자.

구체적으로 금리는 어떻게 결정되는지를 설명하기 위해서, 중기적인 금리변동(상승과 하락)요인, 중기적인 금리변동 범위를 근본적으로 결정하는 장기적인 금리결정요인 등을 살펴본다.

우선, 중기적인 금리의 상승과 하락을 결정하는 것은 돈의 가치이다. 돈이 많이 급하면(수요가 크게 증가하면) 금리가 올라가고 돈이 급하지 않으면 금리가 내려가는 사이클을 반복한다.

돈이 귀해지거나 흔해지는 한 가지 예를 들면, 한국은행의 통화량 정책에 따른 통화량의 증감을 꼽을 수 있다. 중앙은행(대한민국의 경우 한국은행)이 통화량을 늘리게 되면 돈이 흔해지고 돈의 가치가 하락하여(돈이 증가해서 널려 있으므로) 금리가 낮아진다. 반대로 중앙은행이 통화량을 줄이게 되면 돈이 귀해지고 돈의 가치가 상승하여(필요한 주체들이 빌리기 어려워졌으므로) 금리가 높아지게 된다.

또 다른 예를 들면 투자와 소비심리가 좋을 때는 기업이든 개인이든 대출을 늘린다. 그런데 은행 등 시중에 자금(은행의 경우 저축)이 별로 없을 때는 돈이 귀해지므로 금리가 올라갈 수밖에 없다. 반대로, 투자와 소비심리가 급격히 냉각되었을 때는 대출수요는 적은 반면에, 기업이든 개인이든 하나같이 허리띠를 졸라매고 자금을 보유(개인의 저축, 기업의 금융자산 형태 내부유보 등)한다. 그러므로 돈의 수요가 줄고 결과적으로 돈의 값이 하락하는 금리하락이 이어진다.

금리의 장기적인 변화

위에서 언급한 금리의 상승하락은 중기적인(2~5년) 범위에서 설명한 것이며, 십 수 년 단위의 장기적인 기준에서 살펴보면 금리의 상승하락 범위 자체가 바뀌게 된다. 이는 어떤 경기변동형 성장기업이 소형에서 중형, 대형기업으로 바뀌면서 점차 절대적인 자산, 매출, 이익의 수치는 커지지만 점차 성장률이 하락하는 현상(랄프 웬저가 말했듯이 아기 코끼리만이 하늘을 날 수 있고, 어른 코끼리는 결코 날 수 없다.)을 떠올리면서 금리의 장기적인 추세에 대한 아래 설명을 참조하면 더욱 이해가 빠를 것이다.

근본적인 금리상승하락 범위의 변화는(이를테면 하단 6%~상단 10%에서 하단 2%~상단 4%로 하락하는 경우) 바로 잠재적인 경제성장률 범위(필자는 보통 상하단 밴드라고 표현)의 변화와 관련이 있다. 개발도상국은 중진국이나 선진국보다 호황기와 불황기에 경제성장률(%) 차이가 크지만, 어쨌건 장기적인 평균 경제성장률(잠재 경제성장률과 유사한 개념)도 크다. 또한 중진국도 선진국보다 호불황기의 경제성장률 차이가 크지만, 잠재성장률이 대체로 높다. 즉, 개발도상국에서 중진국, 선진국 등으로 한 국가의 경제가 성숙화되면서, 국가 전체(정부, 기업, 가계 등)의 절대적인 부의 수치는 크게 증가하지만, 경제성장률 자체는 하락하게 된다. 경제성장률 하락의 원인은 다양하나 대표적인 원인들을 꼽자면, 경제적으로 성숙화될수록(이하 개도국 시절 대비 상대적 비교 결과), 제조업에 비해서 금융업과 서비스업 비중이 증가하고, 내수 시장이 성숙 및 둔화하며, 투자가 감소하기 때문이다. 효과적인 장기 정책으로 그 둔화 추세를 늦추려 시도할 수 있으며, 성숙화 이후에 규모가 작은 부흥기가 몇 번 올 수도 있으나, 어쨌든 진행은 되기 때문에 근본적으로 방향을 거꾸로 돌리기는 어렵다. (그래서 어떻게든 선진국들은 이머징 국가에서 새로운 수익 기회를 엿보려고 하는 것이다.)

한 국가의 경제성장률 상하단 밴드가 장기적으로 서서히 낮아지면서, 물가상승률과 금리의 상하단 밴드 역시 이에 맞추어 서서히 낮아지게 되는 것이다. 그러므로 주식투자자는 10여 년 전의 금리와 최근의 금리를 비교하면서 현재의 금리가 낮으니 주식시장에 유리하다고(상승압력이 높다고) 판단해서는 곤란하며, 최근 두 건 정도의 경기사이클(평균 4년 정도 경기순환의 과거 두 사이클) 동안 금리의 등락을 살펴보아 현재의 금리가 상대적으로 높고 낮음을 판단해야 한다. (인도네시아와 한국, 일본의 호황기 금리 수준은 각각 근본적으로 다를 수밖에 없는 것이다.)

주식투자자의 금리 활용

이번 장에서 금리와 주식, 채권투자에(주식자산을 보완, 수익률을 높이기 위한 분산투자 대상) 대해서 구체적으로 정리하겠지만, 금리에 대해 정리한 김에 금리의 활용에 대해서 간략히 설명한다.

우선 주식투자자는 주식비중을 확대하느냐 줄이느냐를 판단하는 거시경제적 주요 기준으로 금리를 활용한다.

직전 경기사이클과 그 이전 경기사이클 등 대략 7~8년 정도의 과거 금리추이를 살펴보면 경기호황기의 금리상단 수치와 경기불황기의 금리하단 수치를 대략 추정할 수 있다. 현재의 금리가 경기호황기와 불황기의 금리 평균에 비해서 높은지 낮은지를 판단해야 한다. 또한 현재의 경기순환 방향과 순서에 있어서 지금 호황이 한창이거나 불황에 갓 접어들었는지, 본격적인 불황국면이 된 지 꽤 시간이 흘렀거나 갓 호황국면에 들어서고 있는지 등을 파악해야 한다.

평균적인 금리보다 높으면서도 아직 호황이 한창이거나 불황에 갓 접어들었을 경우 아직 주식시장에 투자하기에는 조금 이른 상황이다. 반대로 평균적인 금리보다 낮으면서도 본격적인 불황이 상당히 진행되었다면 역발상적으로 주식시장에 투자비중을 늘려가기에 좋은 시점이며, 갓 호황국면에 들어서고 있다면 아직 매도하지 말고 투자비중을 유지해야 할 시점으로 볼 수 있다.

주식시장의 할인율과 금리

한편, 위에서 언급한 금리와 경기의 순환에 따른 개략적인 투자 포지션(투자확대 혹은 축소) 외에도 주식투자에 금리를 활용할 수 있는 방법이 있다. 바로 주식시장의 수익률과 금리의 수익률 간의 차이를 비교하는 것이다. 여기서 말하는 주식시장의 수익률은 주식시장의 현재 할인율, 즉 금리를 말하는 것이다.

개별 기업의 주가가 고평가되었나 저평가되었나를 판단하는 지표 중의 하나로 **PER**(주가수익비율)이 있다. 현재 **PER**이 8배라면 해당 기업의 당기순이익보다 시가총액이 8배 크다는 뜻이며, 시가총액 전체를 주고 이 기업의 자본총계를 소유하게 되면 시가총액의 12.5%(8분의 1)나 되는 당기순이익을 얻는다. 당기순이익은 자본총계 소유자의 것으로(당기순이익은 채권 등 타인자본 소유자에게 이자비용까지 지급하고 법인세까지 공제한 세후이익) 예금자의 이자에 비유할 수 있다. 물론 예금자의 원금은 변동이 없고 이자는 일정하게 정해져 있는 반면, 주식 소유자가 매수한 종목의 시가총액은 변동이 있고(모든 상장사 평균적으로는 장기 시가총액이 증가) 당기순이익도 변동이 있다는(모든 상장사 평균적으로는 장기 당기순이익이 증가) 차이가 있다. 하지만 개념상으로 시가총액과 투자원금, 당기순이익과 이자를 비교하는 것은 적당하다.

(배당금과 이자를 비교하는 것은 학자들이 주장하는 것과는 달리 적당하지 않다. 상장기업에 걸맞지 않은 부도덕하고 위법적인 행동을 일삼는 일부 기업들을 제외하면, 기본적으로 성장기업과 초기 성숙기업들이 배당을 적게 하는 것은 기업 규모와 이익을 가속적으로 늘리기 위해서이며, 향후 기업 규모와 이익은 크게 늘었으나 성장률이 매우 떨어지는 성숙기 후기 단계에 접어들면 배당금을 늘리게 되기 때문이다. 지금 배당을 받느냐 향후 더 커진 배당을 받느냐의 차이일 뿐이다.)

이와 마찬가지로 주식시장 전체의 **PER**은 현재 주식시장의 시가총액을 전부 지불하고 소유하게 되면 얼마의 당기순이익을(상장사 전체의 당기순이익 합) 얻을 수 있는가, 즉 현재 주식시장에 투자할 경우 얼마의 금리를 얻을 수 있는가를 말하는 것이다. 현재 주식시장의 **PER**이 10이라면 그 역수(1 나누기 10)에 해당하는 10%가 주식시장의 금리가 되며, 주식시장의 **PER**이 12.5라면 그 역수(1 나누기 12.5)에 해당하는 8%가 주식시장의 금리가 된다. 현재 주식시장의 금리를 안전자산의 금리인 무위험 수익률과 비교하고 몇 퍼센트나 초과 금리를 주는지 파악하여 주식시장의 투자매력도를 판단하는 방법이, 바로 **FED** 모형이라고 하는 주식시장의 평가도구이다.

우리나라의 무위험수익률에 해당하는 국고채 3년물과 국고채 5년물의 평균금리와 비교해서(어느 수치나 큰 차이는 없으나, 두 수치의 평균을 권한다.) 주식시장의 금리가 보다 많이 높을 경우 주식시장의 프리미엄이 올라갔다고 표현하며 주식시장의 기대수익률이 높다고(저평가) 할 수 있다. 반대로 주식시장의 금리가 국고채 금리보다 별로 높지 않을 경우(이것이 역전되기는 어렵다.) 주식시장의 프리미엄이 축소되었다고 표현하며 주식시장의 기대수익률이 낮다고(고평가) 할 수 있다. (한국주식가치평가원 홈페이지 중 증권시장평가 메뉴에서 매월 무료로 세 가지 기준의 주식시장평가 내용을 작성하므로 참조하기 바란다.)

주기적으로 주식시장의 금리(할인율, **PER**의 역수)가 국고채 금리와 차이가 많이 벌어지기도 하고 차이가 좁혀지기도 하는데, 차이가 많이 벌어지면 초과수익률이 높은 것으로 주식시장의 매력도가 높다고 판단하고, 차이가 적게 벌어지면 초과수익률이 적은 것으로(초과수익률이 적다면 굳이 안전자산을 두고 주식시장에 투자할 이유가 없다.) 주식시장의 매력도가 낮다고 판단하는 것이다.

한편 미국, 영국 등 선진국의 경영학계나 투자업계의 통계적 조사결과 발표에 따르면, 장기간에(100년~200년) 걸친 주식의 채권에 대한 초과수익률은 3~6% 정도에 이른다. 물론 선진국이 아닌 다수 이머징 국가들의 주식자산 초과수익률은(무위험수익률 대비) 평균적으로 4~7% 정도에 이르는데, 대한민국의 경우 국가경제의 발전단계를(양적 성장률, 질적 마진율 등) 종합적으로 감안하면 이머징 국가의 초과수익률에서 선진시장의 주식자산 초과수익률 단계로 거의 옮겨가고 있는 것으로 보인다.

(유럽과 미국 등 선진국들에 비해서 한국을 포함한 후발 중진국가들은 모두 비교적 샴페인을 빨리 터뜨리는 경향이 있으며, 이런 구조적인 상황이 필자 역시 매우 아쉽다.)

(거시경제 주요 지표들의 순환 방향과 정도를 해석하여 투자포지션 등 투자의사결정

에 효과적으로 반영하는 것이 거시경제 가치투자를 주제로 한 본서의 목표이다. 개별 종목의 가치평가와 더불어 주식시장의 가치평가 등 정교한 공식을 통해 수치를 직접 계산하는 법은 책으로 설명할 수 없는 보다 더 전문적이고 섬세한 내용이며, 잘못 개념을 익힐 시 투자결과에 있어서 위험한 결과를 초래하게 되므로 공식적인 전문성과 신뢰성을 겸비한 (주)한국주식가치평가원의 실전가치투자 교육소개로 대신한다.)

2. 금리, 인플레이션과 소비

소비와 주식시장의 전체적인 관계는 어렵지 않다. 국내외 소비 증가는 기업실적의 상승을 가져오고 기업실적이 상승하면 주식시장은 당연히 상승압력을 받는다. 주식시장의 펀더멘털은 기본적으로 투기(거래)가 아니라 투자 개념으로 시가총액을 지불하고 매년 당기순이익을 소유하는 구조이기 때문에, 당기순이익 상승이 시장의 상승과 정의 상관관계가 있음은 당연한 일이다. (다만, 주식시장은 실물경제를 선반영하기 때문에 소비가 증가하기 전에 선행적으로 상승한다.)

또한 앞서 기준 금리가(무위험수익률) 상승하면 주식시장의 금리와 차이(주식시장 프리미엄)가 줄어들어서 주식시장의 투자매력도가 떨어지고, 기준 금리가 하락하면 주식시장의 금리와 차이가 벌어져서 주식시장의 투자매력도가 올라간다고(주식시장의 금리가 상대적으로 훨씬 높아졌으므로) 설명했다.

금리변동에 따른 소비의 증감

그러면 금리와 소비는 무슨 관계가 있을까? 결론부터 말하면 금리가 상승하면 소비가 위축되고 금리가 하락하면 소비가 일어난다. 이제 그런 이유를 알아보자.

우선, 금리가 하락하면 부분적으로 대출의 형태로 구매가 이루어지는(대출이자를 생각해보면 이해가 쉽다.) 주택, 자동차는 물론 부분적으로 신용구매가 이루어지는 가전과 가구 등의 구매가 늘어나며, 의

류패션, 외식비, 여행비 등 일반적인 소비도 증가한다.

반대로 금리가 상승하면 주택, 자동차, 가전 등 내구재는 물론이고 기타 소비도 감소한다.

금리 하락에 따른 소비 증가와 금리 상승에 따른 소비 감소는, 일정하지는 않지만 시간차를 두고 발생하기에 금리의 변동은 소비의 증감에 대해서 선행지표로 볼 수 있을 정도이다.

금리가 하락하면 왜 소비가 증가할까? 물론 금리하락에 따라 대출을 통한 소비에 부담이 가벼워진 부분도 있다. 하지만 그것뿐 아니라 금리가 하락하면 현금의 가치가 하락하기 때문에 소비를 하게 되는 면도 있다. 금리가 하락하면 점차 물가가 정상화(고금리 시기에 가격이 억제되었던)되고 상승할 것이 기대되기 때문에, 낮은 금리에 예금을 하거나 현금으로 가지고 있는 것보다 필요했지만 미루었던 소비를 하는 편이 좋다고 대중은 판단한다. 반면에 금리가 상승하면 현금의 가치가 상승하기 때문에 소비를 억제하고 저축을 확대하는 면도 있다. 금리가 상승하면 점차 물가상승률이 둔화 내지는 정체될 것이 기대되기 때문에, 굳이 소비를 재촉할 필요가 없이 예금을 하고자 하는 욕구가 강해지기 때문이다.

그러므로 중앙은행은 강한 인플레이션이 발생하거나 발생할 것이 예상될 때 금리를 높여서 소비를 억제하고 경기과열을 식히려고 하며, 물가상승률이 잠재경제성장률보다 훨씬 낮거나 심지어는 디플레이션이 발생했을 때 금리는 낮추어서 소비를 활성화하고 경제를 회복시키려고 한다. 하지만 실제로는 정부가 제 역할을 항상 현명하게 수행하기보다는, 지지율과 표심 때문에 거품을 터뜨리기를 미루다가 너무 늦어버리는 경우도(계속 유지될 리 없다. 작은 상처가 심각한 상처로 커질 뿐이다.) 종종 발생한다. 미루면 미룰수록 점점 더 큰 대참사로 이어질 뿐이다.

어찌되었건 주식투자자들은 첫째, 인플레이션에 이은 금리인상은 주식시장 하락을 부르고, 디플레이션에 이은 금리인하는 주식시장 상승을 부른다는 것을 알아야 한다. 둘째, 금리인상을 늦출수록 시장 하락은 늦추어지겠지만 시장하락의 정도가(시간이나 폭) 커진다는 것과, 금리인하를 늦출수록 시장 상승이 늦추어지겠지만 시장상승의 정도가 커진다는 것을 알아야 한다.

3. 금리, 주식과 채권투자

금리변동에 따른 주식투자

 지금까지 주식시장, 인플레이션, 소비 등과 금리의 관계를 정리했다. 이제 금리의 순환을 중심으로 주식자산과 채권자산의 순환적 투자전략, 혹은 비중조절 전략을 살펴보자.
 금리의 순환만 살펴보면 고금리에서 저금리로, 저금리에서 고금리로 움직이지만 경기순환, 주식시장 순환, 채권 수익률 순환과 관련지어 보면, 금리의 순환은 보다 시스템적인 순환에 가까운 것을 알 수 있다.

 우선 소비 확대와 경기과열에 따라 중앙은행이 금리를 서서히 올리기 시작한다. (이때 소비확대와 경기과열에 자신감을 얻어 주식시장에 신규진입하는 아마추어 투자자들은 큰 손실을 예약한 상황이다.) 경제성장률의 상승속도가 금리인상속도보다 빠른 한 경기확장은 계속되겠지만, 경제성장률은 무한정 가속될 수 없고 둔화되기(절대 수치는 증가할지라도 성장률 둔화) 시작한다. 이때 주식시장은 하락을 시작하며, 이후 금리 역시 금번 경기순환에서 고점을 기록한 후 내려온다.

 주식시장의 하락전환과 금리의 고점기록 이후 시차를 두고 실제 실물경기가 둔화되고 악화되는 국면을 맞는다. 이때 주식시장은 추가적으로 하락하며 기업실적, 민간소비 등 모든 면에서 본격적으로 경기침체에 들어선다. 중앙은행은 금리를 지속적으로 낮추면서 경제가 경기침체로부터 빨리 벗어나도록 노력하지만 실물경제는 아직 침체일로에 있다. 다만, 이때 경기하락의 속도 자체는 늦춰지면서(절대 수치 자체는 악화일로이지만) 주식시장은 뜻밖에도 가파른 1차 반등을 보인다. 주식을 저점에서 매도한 아마추어투자자들이 망연자실한 가운데 주식시장이 가파른 반응을 보인 후, 일정 시간을 두고 금리는 저점에 이른다.

이후 정부정책(금리인하, 재정정책 등)의 효과가 일정 시간 이후 나타나며 소비가 살아나고 기업의 실적이 개선된다. 이미 큰 폭으로 오른 주가는 다시 한 번 장기 상승 레이스를 펼치며, 이때에도 주식시장에 참여하지 않은 투자자들은 수익기회를 영영 놓친다. 이번 경기확장기에도 역시 소비 및 투자확대가 경기과열이 우려되는 수준으로 일어나며 이 와중에 중앙은행이 금리를 서서히 인상함으로써 저번 경기확장기 말과 같이 주식시장의 전환, 금리의 전환 및 경기의 전환이 일어나게 된다.

금리변동에 따른 채권투자

한편, 금리의 순환 국면과 관련하여 채권의 투자수익률은 어떨까. 여기서 채권이라 함은 기본적으로 국내외 채권 및 채권형 펀드를 모두 말하며, 일반투자자의 경우는 국내외 채권형 펀드로 이해하고 활용하면 된다. 하지만 다음 장에서 환율 개념과 투자 활용방

안을 이해한 뒤에 국내외 채권형 펀드 형태로 주식과 함께 투자하면 되며, 일단 여기서는 채권이라고만 이해하자. (국내 채권이든 해외 채권이든 모두 주식에 대해 좋은 분산투자 대상이다. 물론 다음 장에서 환율에 대한 설명을 접하고 나면, 해외채권형 펀드의 경우 국내 주식투자 수익률이 나쁜 국면에서 국내채권형 펀드보다 더욱 크게 초과수익률을 거둘 수 있다는 것을 알게 될 것이다.)

 채권은 금리가 정점에 있을 때 매수하여 금리가 저점이 될 때까지 보유하여 매도했을 때 수익률이 가장 높다. 또한 금리가 높아질 때는 채권으로부터 거리를 멀리 두고 있다가 다시 금리가 정점에 있을 때 매수하면 된다.
 하지만 정확히 어느 정도에서 금리가 정점에 이르렀는지를 예측하는 것은 어려운 일이며, 게다가 장기수익률 자체가 개별 우량주식들은 물론 주식시장 자체보다도 못한 채권에 단독으로 투자하는 것은 별로 현명한 방법은 아니다. (투자할 수 있는 대상이 채권밖에 없는 것이 아니므로)

 그러므로 주식자산과 더불어 포트폴리오의 일부를 채권으로 투자하는 편이 가장 바람직하다. 주식자산의 수익률이 자고 나면 또 오르고 실물경제는 과열 여부를 고민할 만큼 좋으며 기준금리를 지속적으로 인상할 때 슬슬 채권에 관심을 갖기 시작하다가(투자자금의 규모가 수십억 원에 못 미치는 소규모 투자자는 채권형 펀드로도 충분한 수익률을 달성할 수 있다.) 갑작스럽게 주식시장이 하락 방향으로 꿈틀대면서 금리가 고점에 이르렀을 때(늦어도 최고금리에서 소규모로 첫 번째 금리인하 시점에) 채권 자산에 분산투자해야 한다. 중앙은행이 지속적으로 금리를 인하할수록 채권수익률은 올라가기 때문에 지금부터 당분간은 채권수익률이 주식수익률을 이기게 된다. (다만 이런 현상은 이때뿐이며, 매수 후 영구보유 투자자의 경우에도 장기수익률은 주식이 채권을 훨씬 상회한다.)

실물경제가 경기침체로 접어들게 되면서 중앙은행이 기준금리를 여러 번에 걸쳐 내리게 되는데, 이때 실물경기가 바닥에 이르기 전에 경기악화속도가 둔화되면서 '쥐도 새도 모르게' 주식시장은 1차적으로 반등, 단숨에 일정 부분 손실을 회복한다. (주식하락세 중의 일시적 반등이 아니라, 주식이 바닥을 치고 제대로 반등) 주식시장이 실물경기 침체가 한창 심할 때 반등하는 경우는 앞서 설명했듯이 금융장세로, 실물경기가 바닥을 치기 전에 선행적으로 주식시장이 오르는 것이다.

여기서 주의할 점은 기준금리가 더 이상 내려가기 힘들다는 것이다. 혹 행운인지 불운인지 정부가 경기회복 징조를 읽지 못하고 기준금리를 추가로 내린다고 할지라도, 적은 폭의 마지막 한 번 정도가 남았을 뿐으로 채권투자자는 미련을 버리고 채권의 비중을 급격하게 줄이거나 매도하는 편이 현명하다.

왜냐하면 주식자산의 금번 경기호황기 상승레이스가(여러 번으로 나뉜) 또 한 차례 남아있고 그 기간 동안 채권수익률은 형편없을 것이기(기준 금리가 찔끔찔끔 올라갈 것이므로) 때문이다. 채권은 주식자산의 미래 기대수익률이 가장 낮을 때(고점에 가까우며 향후 하락이 예상되는 '모두가 주식시장을 낙관하는 시점')부터 미래 기대수익률이 가장 높을 때(저점에 가까우며 지속적인 주식시장 침체를 '수많은 아마추어'들이 확신할 때)까지 충분히 좋은 수익률을 제공함으로써, 주식과 함께 구성된 포트폴리오 전체 수익률에 이미 기여를 끝냈기 때문이다.

한편, 채권의 경우에는 왜 금리가 하락할수록 투자수익률(매수한 자산의 수익률)이 상승하는지 간단히 정리한다. 고금리 국면에 발행된 채권 A, 예를 들면 표면금리(이자율)가 8%인 채권 A를 매수했는데 저금리 국면에 새로이 발행된 A 채권의 표면금리가 4%라면, 기존에 매수했던 채권은 새로이 발행되고 있는 같은 채권보다 이자수익률이 4%나 높은 것이다. 이자수익률이 높은 채권의 가격은 올라가게 되므로, 고금리 국면에서 매수한 채권은 저금리 국면에서 거래가격이 오르게 된다.(채권자산의 수익률이 상승하게 된다.)

반대로, 과거 저금리 국면에 4% 표면금리로 발행된 채권은, 현재 고금리 국면에 새로이 8% 표면금리로 발행된 같은 채권에 비해서 이자수익률이 떨어진다. 이때 이자수익률이 낮은 채권의 가격은 내려가게 되므로, 저금리 국면에서 매수한 채권은 고금리 국면에서 거래가격이 하락하게 된다.(채권자산의 수익률이 하락, 손실을 입게 된다.)

결론적으로, 실물경기와 금리는 떼려야 뗄 수 없는 원인결과 관계를 가지고 있는데, 실물경기와 금리가 순환하는 특정 국면마다 수익률 측면에서 주식자산이 유리해지기도 하고 채권자산이 유리해지기도 한다. 장기적인 수익률이 가장 뛰어난 것은 주식이므로, 주식투자자들은 무엇보다도 주식자산을 투자자산 포트폴리오의 기본으로 하되, 채권자산이 가장 수익을 내기에 유리할 때는 채권자산의 비중을 늘리는 식으로 주식과 채권의 비중을 조절하면서 운용할 필요가 있다. 보다 구체적인 포트폴리오 관리는 '3부. 거시경제 순환에 대응하는 자산 및 부문배분'에서 다룬다.

/4장/
환율, 원자재와 주식시장, 대응전략

1. 환율변동과 실물경제, 주식시장

과거 우리나라의 외환변동이 커졌을 때 '원 달러 환율이 1400원을 넘어섰다.', '원 달러 환율이 900원 밑으로 떨어졌다.'는 기사를 심심찮게 볼 수 있었을 것이다. 그러나 막연히 환율이 급히 내려가면 수출기업에 좋지 않고, 환율이 급히 올라가면 위기감이 조성된다는 정도로 이해하고 있다면 이번 장에서 좀 더 구체적으로 지식을 정리할 필요가 있다.

우선 외환의 수요공급과 환율의 결정원리, 환율등락이 기업 등 실물경제에 초래하는 효과, 환율과 주식시장 등에 대해서 간단히 알아보자.

외환의 수요공급과 환율의 결정원리

외환의 공급은 우리나라 기업들이 받은 수출대금(수출의 결과 수입)과 해외에서 차입한 대출금액(외환 형태 차입), 외국 투자자들이 국내에 투자하기 위해 들어온 투자목적 외환 등으로 나눌 수 있다. 외환의 수요는 우리나라 기업들이 수입을 한 대가를 지불하기 위한 외환 수요, 해외에서 차입한 대출을 상환하기 위한 외환 수요, 우리나라에서 외국으로 투자를 하기 위한 외환 수요 등으로 볼 수 있다. 이상 외환의 공급과 수요 간에 공급 초과 상태가 되면 외환의 가치가 내려가고 상대적으로 원화가치가 상승한다. 반면에 외환의 수요가 초과 상태일 경우, 외환의 가치가 상승하고 상대적으로 원화가치가 하락한다.

예를 들면 수출이 활성화되어 기업들이 받은 수출대금이(달러라고 하자.) 급속히 늘어나면 외환의 공급이 늘고 원화가치가 상승하여 원 달러 환율이 하락하게 되고, 해외차입의 상환수요가 급증하게 되면 외환수요가 급격히 늘고 원화가치가 하락하여 원 달러 환율이 상승하게 되는 것이다.

환율등락이 초래하는 효과

한편 환율의 상승과 하락이 실물경제(주로 기업과 가계)에 어떤 영향을 미치는지 간단히 정리한다.

우선 원 달러 환율이 900원에서 1200원으로 상승하게 되면, 수출기업은 교역조건에서 유리해진다. (환율이 상승하면 경제위기감이 고조될 수 있는 등 다른 부문은 일단 감안하지 않는다. 환율과 경제주체 간 관계를 먼저 이해하자.) 1달러를 받고 팔고 있던 물품을 원화로 환전할 경우 이전에는 900원의 매출을 올렸지만 이제는 1200원의 매출을 올릴 수 있다. 또한 그만큼의 마진 중 일부를 가격할인에(이를테면 85센트로 할인) 활용하여 수출시 가격경쟁력을 높일 수도 있다. 이것이 원 달러 환율상승이 수출주도 기업에 미치는 직접적인 경제효과이다. 반면에 주로 매출을 내수에서 올리고 원재료 매입은 수입에 의존하는 기업들의 경우, 수입하는 물품의 단가가 상승하기(1달러에 900원만 내면 되었으나, 이제 1200원을 지불해야 하므로) 때문에, 가격을 인상하여 판매량이 줄어들거나 가격을 유지하면서 그만큼의 마진하락을 견뎌내야 한다.

한편, 가계 부문의 경우 환율상승이 초래하는 것은 원화의 평가절하이다. 1달러에 필요한 원화가 900원이었으나 이제 1200원이므로, 수입물품의 가격이 오르며 해외관광의 비용이 증가한다.

그 외에도 수출기업, 내수기업, 가계 부문을 불문하고 환율상승기에는 외환 형태(달러 베이스 등) 부채의 부담이 증가하고, 외환 자산의 가격이 증가한다.

반대의 경우로 원 달러 환율이 1200원에서 900원으로 하락하게 되면, 수출기업은 교역조건에서 불리해진다. (경상수지가 흑자기조이고 외국인 투자자금이 증가하는 등 거시경제가 안정될 때 환율이 상승하는 측면은 일단 감안하지 않는다. 환율과 경제주체 간 관계를 먼저 이해하자.) 1달러를 받고 팔고 있던 물품을 원화로 환전할 경우 이전에는 1200원의 매출을 올렸지만 이제는 900원의 매출밖에 올릴 수 없다. 가격을 1달러보다 높게 인상하여 마진을 지키려고 할 경우 수출 시 가격경쟁력이 낮아지기 때문에 매출이 줄게 된다. 이것이 원 달러 환율하락이 수출주도 기업에 미치는 직접적인 경제효과이다. 반면에 주로 매출을 내수에서 올리고 원재료 매입은 수입에 의존하는 기업들의 경우, 수입하는 물품의 단가가 하락하기(1달러에 1200원이나 지불해야 했으나, 이제 900원만 내면 되므로) 때문에, 가격을 인하하여 판매량을 늘리거나 가격을 유지하면서(독과점 형태의 경우 대개 가격 유지) 실질 마진의 인상을 누린다.

가계 부문의 경우 환율하락이 초래하는 것은 원화의 평가절상이다. 1달러에 필요한 원화가 1200원이었으나 이제 겨우 900원이므로, 수입물품의 가격이 내리며 해외관광의 비용이 감소한다.

그 외에도 수출기업, 내수기업, 가계 부문을 불문하고 환율하락기에는 외환 형태(달러 베이스 등) 부채의 부담이 감소하고, 외환 자산의 가격이 하락한다.

환율의 순환

위에서 환율상승과 환율하락이 실물경제의 주요 부문에 미치는 핵심적인 영향을 살펴보았지만, 사실 거시적으로 보면 환율은 순환적으로 상승하고 하락하게 되어 있다. 수출이 증가하고 외국인 투자가 증가하는 등 외환공급이 늘어서 점차 환율이 급속히 하락하게 되면, 원화가치가 너무 올랐다고 판단되는 시점을 기준으로 수출도 감소하고(제품의 가격경쟁력이 떨어지므로) 외국인 투자도 감소하게(무슨 투자대상이든 원화를 달러로 환산할 시 비싸게 느껴지므로) 되면서, 결국 환율상승 압력이 점점 커지게 된다.

반대로 수출이 부진한 데 비해 수입이 증가하고 외환 대출 상환이 증가하는 등 외환수요가 늘어서 점차 환율이 급속히 상승하게 되면, 원화가치가 너무 내렸다고 판단되는 시점을 기준으로 수출도 증가하고(제품의 가격경쟁력이 개선되므로) 외국인 투자도 증가하게(무슨 투자대상이든 원화를 달러로 환산할 시 싸지므로) 되면서, 결국 환율하락압력이 점점 커지게 된다.

실물경제에서는 보다 단기적이고 갑작스러운 변수들과 중장기적으로 구조적인 요인들이 복합적으로 환율변동에 영향을 주기에, 환율이 매끄럽게 상승했다가 매끄럽게 하락하지는 않는다. 그러나 전체적으로 환율의 변동이 한 쪽으로만 진행될 수는 없다는 것은(반영구적으로 상승 일색이라든지, 혹은 하락 일색일 수는 없는) 분명하며, 금리와 마찬가지로 환율 역시 부분적으로 변동성을 겪지만 전체적으로는 경기와 함께 순환한다고 말할 수 있다.

주식시장과 환율

마지막으로 주식시장과 환율은 어떤 상관관계가 있을까? 위에서 언급한 외환의 공급 중에서 한국에 투자하려는 외국투자자들의 투자규모 증감과 주식시장의 상승하락, 그리고 환율은 상당히 밀접한 관계가 있다.

현재보다 향후 한국의 경제성장 전망이 좋을 것으로 예상되는 경우 외국인투자자들이 국내 주식시장에 투자를 확대하며 이는 달러 대비 원화의 수요를 증가시켜서 (수출수입에 큰 변화가 없다면) 환율하락, 즉 원화절상을 불러일으킨다. 물론 이런 형태의 원화절상은 주식회사 대한민국이 건실하고 경쟁력 있음을 암시하기 때문에, 점진적인 원화절상이(추가적인 원화절상을 기대하고) 외국인투자자의 투자를 촉진하기도 한다. 그런데 이러한 경향이 심화되어 환율이 지나치게 하락하고 주식시장의 주가가 과도하게 오를 경우 오히려 비싸진 주식가격과 원화가치를 의식하여 대량 자금이탈(주식 매도)이 일어날 수 있다. 이때에는 주식을 매도한 원화자산을 달러자산으로 바꾸려는 수요가 많아서 환율이 상승하게 된다.

반면에 현재보다 향후 한국의 경제성장 전망이 악화될 것이 예상되는 경우 외국인투자자들의 자금이 국내 주식시장으로부터 이탈하며 이는 원화 대비 달러의 수요를 증가시켜서 (수출수입에 큰 변화가 없다면) 환율상승, 즉 원화절하를 불러일으킨다. 물론 이런 형태의 원화절하는 주식회사 대한민국에 현재 큰 문제가 있거나 위기가 올 것을 암시하기 때문에, 지속적인 원화절하가(추가적인 원화절하를 우려하여) 외국인투자자의 국내 자산(주식 등) 매도를 촉진하기도 한다. 그런데 이러한 경향이 심화되어 환율이 지나치게 상승하고 주식시장의 주가가 과도하게 하락할 경우 오히려 저평가된 주식가격과 원화가치를 의식하여 투자포지션 변화(주식 매수)가 갑자기 일어날 수 있다. 이때에는 달러를 원화로 바꾼 후 주식을 매수하려는 수요가 많아서 환율이 하락하게 된다.

환율과 주식시장의 관계에 대해서는 다음 소주제에서 더욱 구체적으로 다룰 예정이다.

2. 환율과 거시투자

앞서 보았던 환율과 주식시장의 관계를 좀 더 자세히 살펴보고, 환율정보를 활용하여 거시적인 측면에서 주식투자 전략에 참조하자.

앞서 한국의 주식시장이 지속적으로 상승할 때(외국 투자자금이 들어올 때) 환율이 하락압력을 받고, 한국의 주식시장이 급락할 때(외국 투자자금이 빠져나갈 때) 환율이 상승압력을 받는다고 했다.

그런 인과관계를 이해하려면 독자께서 국내 투자자가 아니라 해외투자기관의 입장이 되었다고 상상해보면 쉽게 알 수 있다. 해외투자자가 국내의 투자자산에 투자했는데(국내 자산에 투자하려면 달러를 원화로 바꾼 후 매입) 원화가치가 떨어지게 되면 환차손을 입게 된다. 그러므로 한국의 원화가치가 떨어지는 원화절하, 즉 환율상승(예를 들면 원 달러 환율이 900원에서 1200원으로 상승)의 시기에는 단기적으로 해외투자자가 투자자금을 뺄 수밖에 없다. 또한 우리나라 투자기관이 이집트나 베네수엘라 등 개발도상국의 주식에 투자 중인데 해당 국가의 통화가치가 급격히 악화된다면, 본국의 사정처럼 해박하게 알지 못하는 타국의 사회문화경제적 상황이 악화될 것을 상당히 우려할 수밖에 없다. 마찬가지로 한국의 투자자산으로 유입된 해외 선진국 등의 자본은 일부 국가의(이를테면 미국과 영국) 자본이 빠져나갈 때 다른 여러 나라들의 자본도 도미노식으로 한꺼번에 빠져나가는 경향이 있다. 그래서 글로벌 투자의 시대에는 변동성이 더욱 커지게 되는데, 이는 주식투자의 기본이 없는 대부분의 투자자들에게는 재앙이지만, 가치투자의 기본체계와 경험을 갖춘 일부 투자자에게는 주기적으로 굴러 떨어지는 큰 초과수익의 기회들인 셈이다.

(주식투자의 약육강식은 자본력이 아니라 투자지식과 지혜의 확립정도에 따른 피라미드 구조이기 때문이며, 현명한 가치투자자의 금융자산 규모는 평소에 꾸준히 증가하다가도, 큰 경제적 변동이 있을 때마다 급격하게 증가하게 된다.)

서로 맞물리는 주식시장과 환율 사이클

위와 같은 중기적인 주식시장의 상승하락 사이클과 환율상승하락 사이클은 맞물려서 진행된다.

즉, 실물경기가 최악인 시기에 주식시장은 상승운동을 시작하고 환율상승 현상은 멈춘다. 주식시장이 1차적으로 상승하면서 환율은 안정되기 시작하며, 이후 실물경기가 바닥을 딛고 상승을 시작할 때 주식시장이 추가적으로 상승하면서 환율도 서서히 하락하기 시작한다. 실물경기가 아직 고점을 치지는 않았지만 성장률이 둔화되기 시작할 때 주식시장은 천정을 치고 1차적으로 하락하며 환율 역시 하락세를 멈추고 상승하기 시작한다. 실물경기가 악화되면서 주식시장의 추가적인 하락과 환율의 상승이 이어지면서 다시 한 사이클을 시작한다.

다만, 주식시장이 상승할 때는 나누어서 상승하며 환율 역시 나누어서 하락하지만, 주식시장이 하락할 때는 비교적 짧은 기간 동안 급락하며 환율 역시 마찬가지로 급등하므로, 환율이 상하등락순환 중에서 상당히 낮은 수치에 머물러 있으면서 주식시장의 상황이 상당히 좋을 때는 역발상적으로 주식자산의 비중을 줄여나가야 한다.

글로벌 경기에 따른 주식시장과 환율

한편, 국내 경제상황 뿐 아니라 글로벌 경제상황에 따라서 국내 주식시장과 환율이 출렁이는 정도도 심한 편인데, 우리나라는 수출주도형 국가이기 때문이다.

예를 들면, 미국, 유럽 등 선진국의 경제여건이 악화될 것으로 예상될 경우, 이머징 국가에 투자했었던 자금을 급속히 회수하는 경향이 있다. 왜냐하면 산업구조, 인건비 구조 등 여러 가지를 감안할 때, 대체로 선진국의 공산품 소비가 개도국의 제조업 생산을 자극하는 형태이기 때문에, 선진국의 소비가 침체되면 개도국의 수출실적이 급락할 것을 미리 대비하여, 상대적으로 안전한 선진국의 통화와 자산시장으로 자금을 옮기는 것이다. 선진국의 경기악화가 예상되면 한국 주식시장에서 해외자금이 빠져나가며 환율이 상승하고, 선진국의 경기개선이 예상되면 한국 주식시장으로 해외자금이 들어오며 환율이 하락한다.

수출주도형 경제구조에 따른 문제점이 없지는 않지만, 한국의 내수시장의 규모와 인구구조상 수출주도경제를 포기할 수는 없다. 수출경제의 비중을 어느 정도로 유지할 것인가, 수출부문의 성과를 내수 부문으로 확산시키는 낙수효과를 어떻게 정책적으로 유발할 것인가 등이 중요한 이슈이지, 결코 한국은 내수경제 중심으로만

갈 수는 없는 여건이다.

또한 일부 경제전문가와 투자전문가는 국내 주식시장에서 외국 자본의 비율이 너무 높아서 금융시장의 출렁임의 규모가 크다며, 외국자본의 비율이 높은 것이 문제라고 말하기도 한다.

하지만 그것은 잘 모르고 하는 말인데, 애초에 투자매력도가 없는 국가의 주식시장에는 외국인투자자가 들어오지 않는다. 경쟁력이 있어 투자매력도가 비교적 높은 우리나라의 상장기업들 때문에 주식시장에서 외국인 투자자들의 소유지분율이 높은 것이며(주기적인 주식시장 폭락기에 외국계투자자들이 더 영리하게 지분율을 높이는 등 추가적인 요소는 고려하지 않더라도) 금융시장이 개방되어 있기 때문에 자금의 유출입이 심한 것이다. 구더기 무서워 장을 못 담글 수는 없듯이, 국내외의 큰 자본을 활용하여 수익성 높은 상장기업들에게 자본을 제공하려면 어쩔 수 없는 현상인 것이다.

물론 국내 경제주체들의(가계, 기업 등) 자산 포트폴리오가 기형적으로 부동산 위주로 구성되어 있어서 부동산은 구조적으로 고평가되어 있고, 금융자산의(주식, 채권, 각종 펀드, 외환 등) 비중은 너무 낮아 국내 경제주체들의 소유지분율이 낮다는 고질적인 문제를 근본적으로 해결하는 것이 가장 좋다. 한국 주식시장에 대한 국내 경제주체들의 소유지분을 크게 확대함으로써 외국인 투자자들의 비중을 적정 수준으로 유지하는 것이 가장 상책이기는 하다.

하지만 지금 당장 금융자산과 부동산자산의 적정한 포트폴리오 구성 비율로 바꾸게 되면, 어쨌든 자산 비중이 큰 부동산이 폭락하고 수많은 가계와 일부 기업들의 자산가치 폭락과 부채비율 급등이 발생할 것이기 때문에, 급격한 조정은 바람직하지 않다.

(점진적으로는 무조건 바꾸어야 한다. 현재 과소한 금융자산의 비중을 확대하고 과다한 부동산의 비중을 적정한 규모로 축소하지 않고는 결코 선진국형 자산구조로 옮겨갈 수 없다.)

한국에 적합한 주식투자 전략

결론적으로 한국은 수출주도형 경제를 어느 정도 유지해야만 국가의 장기적인 생존전략, 성장동력이 확보된다. 또한 국내 경제주체들의 자산 포트폴리오에서 주식자산의 비중이 충분히 증가하기 전까지는 국내 주식시장에 대해서 해외투자자들이 일정 지분율 이상을 소유할 수밖에 없다. 현명한 가치투자자라면 현실적인 제약조건에 불만을 가지는 것보다는, 그러한 제약조건을 활용하여 지속적이고 주기적인 수익률을 올려야 할 것이다.

즉, 선진국 경기가 개선될 것이 기대되고(선진국 경기가 바닥이며, 경기부양을 위한 선진국 정부의 정책을 예상할 때) 현재 환율은 너무 높은 수준이며 주식시장은 너무 저평가되었을 때 국내 주식시장에 투자를 확대한다. 반대로 선진국 경기 호황기가 꺾일 것이 예상되고 현재 환율은 너무 낮은 수준이며 주식시장은 너무 고평가되었을 때 국내 주식시장에 대한 투자를 축소하면 될 것이다.

한편, 국내 경기가 개선을 넘어서 과열에 접근할 때는 원화절상이 상당히 진행된 상태, 즉 원화가 고평가되고 달러화 등 외환이 저평가된 상태로, 수입된 상품과 해외여행, 해외투자의 매력도가 상대적으로 커지게 된다. 그런 경우 국내 가계의 소비활황과 기업의 투자확대로 경상수지가 적자로 돌아서게 된다. 경상수지 적자로 인한 환율급등 우려와 높은 물가상승률로 인한 금리인상 우려가 동시에 존재할 때, 현명한 주식투자자라면 주식시장이 어느 정도 고평가되었는지를 유심히 판단하면서 주식자산의 비중을 줄일 필요가 있다. 금리인상과 환율상승이 시간차를 두고 함께 닥치게 된다면 주식시장은 갑작스럽게 약세장으로 돌아설 수 있기 때문이다. 일단 약세장으로 돌아서면 바닥을 칠 때까지는 추가적인 하락이 진행될 것이다. (직전 사이클 약세장 수준까지 하락하지는 않을지라도 최소한 강세장에서 확보한 수익률의 일정 부분을 내놓게 될 것이다.)

3. 원자재와 거시투자

환율과 주식시장에 대해서 살펴본 김에 원자재와의 관계까지 살펴보자. 환율을 설명하면서 원자재를 덧붙여 설명하고자 하는 이유는 특수하고 개별적인 경우의 원자재 가격 변동(중국의 희토류, 러시아의 천연가스, OPEC의 석유 원유(이하 '석유') 등 일부 개별적 정책 이슈)을 제외하면, 대개 원자재 가격등락은 환율등락과(원 달러 환율) 반대 방향으로 움직이고 이머징 국가의 주식시장 등락과 같은 방향으로(간발의 차이를 두고 후행) 움직이기 때문이다.

앞서 살펴보았듯이 선진국 등 글로벌 주요 소비주체의 실물경제 측면에서, 한국의 주식시장이 상승하며 원 달러 환율이 하락한다는(해외투자자금의 유입) 것은 향후 선진국 경기개선을 예상한다는 의미이다. 그런데 선진국의 경기가 개선될 것이라는 의미는 개발도상국의 수출이 증가할 것이라는 뜻이며, 선진국의 소비와 개발도상국의 수출 증가는 산업의 쌀인 석유 수요가 증가할 것을 의미한다. 그러므로 선행적으로 한국의 주식시장이 상승하면서 환율이 하락하면, 대개 다른 예외적인 요인이(석유 증산 혹은 타 에너지원의 대규모 증산 등) 없을 시 시차를 두고 국제유가가 상승하게 되는 것이다.

더불어 선진국이 저금리, 재정정책 등 경기부양책을 펴서 향후 선진국의 경기개선이 기대되는 시기에, 경기부양책의 결과 달러가치가 하락하므로, OPEC(석유수출국기구)이 달러 가치 하락분만큼 실질 석유가격을 유지하기 위해서 생산량을 통제하는 경향이 있다.

물론, 위와 같이 거시경제적 이유로 석유 가격은 일반적으로 환율과 역상관관계를 가지지만, 산유국들의 자원무기화 정책이나 정치적 리스크 확대, 비산유국들의 타 에너지원 증산이나 관련기술 혁신 등 거시경제와 무관한 이유로 가격이 등락하는 경우도 있다. 이때 석유의 가격상승이나 가격하락은 수출주도형 경제를 지닌 한국의 기업들에게 일시적으로나마 거시경제 수준과 상관없이 비용부담이나 비용절감을 초래한다.

원자재 관련 투자전략

여기서 한 가지 추가조언을 보태자면, 앞서 설명한 금리와 환율의 순환국면에서 수익률을 극대화하기 위해서, 국내 주식시장과 국내외 채권에 대한 분산투자(분산투자에 대해서는 3부에서 본격적으로 정리)를 기본으로 하되, 그 외에도 해외 주식시장에 일정 부분을 분산투자할 수 있다. 그 중에서도 원자재의 가격변동 방향이 원 달러 환율 변동과는 반대방향이며(환율상승 시 원자재 가격 하락) 수출주도형 경제인 한국 주식시장의 등락방향과 동일하기 때문에, 석유 등 원자재 산업 비중이 높은 국가의 주식이나 해당 국가를 포함하는 펀드에 일부 자산을 투자할 수 있다.

특히 중동, 북아프리카, 러시아 등 지역의 에너지 관련 기업에 투자하는 펀드는 그 성장률과 경기변동 특성상, 한국 주식시장의 등락폭보다 더욱 가파른 경우가 많다. 즉, 원 달러 환율이 가장 높은 고점(개발도상국에서 선진국으로 자본이 가장 많이 철수하는 시기)에서 벗어나서, 환율이 서서히 하락할 때 국내 주식에 투자하는 동시에 원자재 관련 해외주식이나 펀드에 투자할 경우, 같은 방향이지만 보다 높은 수익률을 올릴 수 있다.

/5장/
소비, 고용과 주식시장, 대응전략

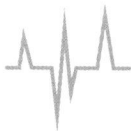

1. 소비자지출과 기업실적, 주식시장.

소비의 증감은 기업실적 등락과 정의 관계에 있다. 이번 장에서는 소비지출, 고용 등과 주식시장의 관계를 살펴보고, 앞서 다룬 다른 요소들과 함께 이해하자.

소비지출변동과 기업실적변동의 차이

우선 소비지출이 연쇄적으로 영향을 주는 경제사슬은 소비자 지출 증감, 산업생산 증감, 자본적 지출 증감 등의 순서를 따른다. 즉, 소비자지출이 증가하면 바로 이어서 산업부문의 생산활동이 증가하고, 그보다 후행적으로 토지와 공장, 영업소, 기계장치 등 자본적 지출이 증가한다. (물론 인플레이션을 감안한 소비지출, 산업생산, 자본적

지출액의 증가 혹은 감소를 말한다. 인플레이션이 3.5%일 때 소비지출이 2% 증가한다면 실질적으로 감소한 것이다.)

그런데 주식투자자들이 주식시장의 큰 변동성을 설명하는 원인 중 하나인 기업실적의 큰 변동성을 이해하기 위해서, 알고 넘어가야 할 것이 하나 있다. 그것은 소비지출의 증감 정도와 기업실적의 증감 정도의 차이에 대한 것이다.

결론부터 말하면 기업실적의 증감 정도는 소비지출의 증감 정도보다 훨씬 변동성이 크다. 하지만 보다 쉽게 이해할 수 있도록 비유적으로 설명하자면, 직접 제조업과 유통업 그리고 소비자 집단이 되는 것이 가장 좋다. 스스로 소비자 집단이 되었다고 하자. 소비자 집단의 경제 형편이나 소비 심리가 호전되어서 가전이 되었든 의류가 되었든 소비를 10% 정도 늘릴 경우, 유통업체는 어떻게 행동하게 될까? 수익을 낼 수 있을 때 바짝 수익을 올려야 하는 유통업체는 재고를 20% 이상 늘려서 진열 및 창고에(유통기업의 창고) 보관해야 한다. 그러면 유통업체가 20% 이상 많은 가전이나 의류 재고를 확보하기 위해서 제조업체에 그만큼의 주문을 할 것이다. 그런데 제조업체 역시 제품과 상품의 수명이나 회전율 등을 감안할 시 대부분 유통업체에서 요청이 들어온 것보다 더 많은 양을 생산하여(이를테면 20% 이상) 창고(제조기업의 창고)에 보관할 것이다. 물론 소비지출의 10% 하락은 정확히 반대의 수순으로 진행되어 제조업체에 이르면 생산을 크게 축소하게 된다.

여기서 소매시장, 소매시장까지의 유통시장, 제조기업 등으로 거슬러 올라갈수록 (소비자 관점에서) 소비자 지출의 증감비율보다 훨씬 큰 폭으로 생산판매가 증감한다는 것이다.

한국의 경우 두 가지를 더 감안해야 한다. 첫째로 완제품에 들어가는 부품들의 경우 완제품에 비해서 재고를 늘리고 줄이는 움직임이 더 빠르고 상승하락폭이 크다. 그렇기 때문에 석유화학, 철강 및 비철금속, 자동차부품, 반도체 부품업종 등의 실적등락폭은 최종수요의 등락폭보다 훨씬 크고 급격하다. 대개 이런 경우 경기변동형(혹 경기민감형) 업종에 속해 있는 경우가 많다. 둘째로 한국의 경제는 수출주도형 경제이며 일정 부분 이상 수출주도 경제에 할애할 수밖에 없는 작은 내수시장을 가지고 있다. (자영업자들을 먹여 살리는 것은 주로 샐러리맨이다. 그런데 샐러리맨은 내수기업과 수출기업이 모두 고용하고 있다.) 그렇기 때문에 한국의 경우 소비지출의 개념은 국내외 소비지출, 보다 더 정확하게는 주요 수출국들과(산업 별로 다르지만, 주로 중국, 미국, 서유럽 및 동남아 등) 한국 내수시장의 소비지출이 모두 중요한 것이다.

즉, 주요 수출지역(권역 및 국가) 및 내수시장의 소비수요가 증가하면, 국내 산업(내수 및 수출)의 실적이 소비수요 증가폭보다 훨씬 크게 개선되며, 실적개선세가 뚜렷해진 후 후행적으로 기업들의 자본적 지출(시설 등 확충)이 확대된다고 이해하면 된다. 공장증설이나 유통시설, 기계장치 등 생산판매능력의 근본적인 확대에 해당하는 자본적 지출은 최소한 몇 분기 이상 기업의 실적이 완연한 증가세를 유지할 경우 슬슬 집행되기 시작한다고 보면 된다.

결국 주식시장이 선행

그러면 자본적 지출의 선행지표는 기업실적 개선이며, 기업실적 개선을 근소하게 선행하거나 거의 동행하는 것이 소비지출인데(한국의 경우 국내외 소비지출), 가장 선행하는 소비지출마저 선행하는 지표는 무엇일까. 그것은 두 말할 필요도 없이 주식시장이다.

이에 대해 200년 이상의 과거 경기사이클을 검토한 학계, 업계 연구자료들은 아래와 같은 결론을 내리고 있다.

대체로 주식시장이 고점에서 하락을 시작하는 약세장은, 소비지출과 기업실적의 전년 동기 대비 증가율이 고점일(이후 둔화) 때 시작되며, 주식시장이 저점에서 상승을 시작하는 강세장이 시작되는 것은, 소비지출과 기업실적의 전년 동기 대비 하락속도가 저점에 이르기 전이다. (실물경제가 나쁘더라도 강세장은 전폭적인 금리인하와 함께 갑자기 발생하기 때문에, 주식시장의 상승 타이밍을 잡기에는 소비자지출 증가율이 너무 늦은 지표이다.)

그 중에서도 소비자지출의 전년 대비 증가율이 가장 중요하다고 볼 수 있으며, 한국의 경우 미국, 중국 등 주요 수출국과 국내 시장의 전년 대비 소비자지출 증가율이 중요한 지표라고 할 수 있다.

하지만 주식시장의 상승하락을 거시경제적 지표로 예측한다는 것은 여간 어려운 일이 아니다. 예측의 확실성을 높이기 위해서 필자가(실제 필자의 가치투자에서 오래도록 유효했던 전략) 한 가지 조언을 하자면, 진정 훌륭한 예측이란 어느 정도 역발상적인 태도를 포함해야 한다는 것이다.

예를 들면 충분한 상승이 이어져온 주식시장이 갑자기 하락하기 전에 주식자산의 비중을 미리 줄이기 위해서는, 증가일로에 있는 중국, 미국, 국내 내수 등 소비지출의 전년 동기 대비 증가속도가 갑자기 빨라지기 시작할 때, 경기상승세는 이어질지라도 경기상승의 속도만큼은 둔화가 가까워지고 있다는 것을 인지하고 분할매도를 시작해야 한다.

반면, 지나친 하락이 이어져온 주식시장이 갑자기 상승하기(놓치기에는 너무 큰 상승률일 때가 많다.) 전에 주식자산의 비중을 미리 늘리기 위해서는, 하락일로에 있는 중국, 미국, 국내 내수 등의 소비지출이 전년 동기 대비 급속히 하락하기 시작할 때, 경기하락세는 이어질지라도 경기하락의 속도만큼은 둔화가 가까워지고 있다는 것을 인지하고 분할매수를 시작해야 한다. 특히 이때 금리인하가 시작되었다면 보다 명확한 시그널로 파악하고 적극적으로 투자할 필요가 있다.

(국면 별로 포트폴리오를 운용하는 것에 대해서는 바로 다음 장에서 보다 깊이 다룰 것이다. 또한 거시경제 지표뿐 아니라 주가변동성 자체를 시스템적으로 활용하여, 개인투자자 및 기관투자자들이 보다 훌륭한 포트폴리오 수익률 성과를 내기 위해서는 기 출간된 '대한민국 주식투자 계량가치투자 포트폴리오'를 참고하고 따를 것을 권한다.)

2. 소비지출과 소비심리

소비자 지출이 확대되기 전에 주식시장이 상승을 시작하며, 기업들의 자본적 지출은 소비자 지출 확대가 발생한 후 몇 분기 이상 기업실적이 개선되었을 때 비로소 집행되기 시작한다고(후행지표) 앞서 설명했다.

기타 이코노미스트들이나 아마추어 투자자들이 소비지출 확대에 있어서 중요하게 생각하는 지표로 실업률(혹은 고용률)과 소비자 심리가 있다. 그런데 실업률은 중요한 지표이기는 하지만 후행적인 지표라 투자자들에게는 별로 쓸모가 없고, 소비자 심리는 사실 더 쓸모가 없는 지표이다. 왜 그런지 알아보자.

우선 고용이 확대되면(실업률이 낮아지면) 소비지출이 늘어날 것이라고 경제학자들과 정책당국자들은 생각한다. 천만의 말씀이다. 아직 소비지출이 늘어나지 않았는데 고용이 확대된다는 것 자체가 말도 안 되는 표현이다.

기업은 이익을 위해 존재한다. 물론 이익만을 내세워 다른 모든 경제주체(직원, 거래처, 정부, 가계 등)를 무시하는 기업은 옳지 않다. 하지만 기업에 투자한 원금(자본총계)이 예금이나 채권보다 별로 높지 않은 수익률(자본총계순이익률, ROE)을 지속적으로 보인다면 기업을 소유, 경영할 이유가 전혀 없다. 예금이나 채권을 사서 만기까지 가만히 있는 것보다 기업 경영이 어렵고 힘든데, 그 이상의 수익률이 나지 않으면 기업을 청산해야지(그리고 속편하게 자본을 채권이나 예금으로 옮길 것이다.) 계속 소유하고 경영할 이유가 없는 것이다. 그러므로 최소한의 이익률(절대적인 이익규모가 크건 작건 상관없이)이 나오지 않는 상황에서 고용확대는 현실에 맞지 않는 셈이다.

(예컨대, **ROE**가 10%를 넘는 기업들이라면 이익의 규모에 상관없이 경영과 고용은 물론 기부까지 할 여력이 있지만, **ROE**가 5% 미만일 경우 비록 순이익만 1조원이 넘더라도 경영조차 계속할 이유가 별로 없다고 할 수 있다.)

즉, 소비가 개선되어야 기업의 실적이 늘고, 기업들은 우선 계약직 근로자부터 고용을 확대하다가 실적개선의 유지가 확실시되면 정규직 근로자들의 고용을 확대하는 것이다. 고용이 확대되어야 소비가 증가하는 것이 아니라(고용을 억지로 늘릴 수 있는 것은 공공기관 뿐이며, 이들 기관은 세금으로 충당) 소비가 증가해야 고용이 확대되는 것이다. 한국의 경우는 국내외 소비가 전체적으로 증가하면(내수와 수출 중 어느 한 쪽만 경제회복을 리드해도) 고용이 확대되는 것으로 이해할 수 있다. 그러므로 고용은 소비의 선행지표가 될 수 없고, 명백히 후행지표이다.

다음으로 소비자심리의 경우 더욱 투자자에게 쓸모가 적은 지표인데, 왜냐하면 소비자심리는 미래에 대한 예언능력이 있는 것이 아니라 지금 소비자들이 느끼고 있는 것을(일반 소비자들의 미래 추정이란 단지 현재 상태의 연장선일 뿐이다.) 단순히 모아놓은 것에 불과하기 때문이다. 소비자들에게 미래 자신들의 소비계획과 재정상태를 어떻게 예상하는지 묻는 소비자 심리조사는 소비지출 증감의 선행지표가 아니라(그렇게들 착각하지만) 실제로 동행지표에 불과한 것이다. 지금

경제상황이 좋지 않고 소비를 줄이고 있는 상태라면 미래에도 좋지 않을 것으로 여기고 소비를 줄이겠다고 답하며, 지금 경제상황이 좋아서 소비를 늘리려고 느끼고 있다면 미래에도 좋을 것으로 여기고 소비를 늘리겠다고 답하는 것일 뿐이다.

실질임금과 금리에 따른 소비지출의 증감

고용증감은 소비증감의 후행지표이며, 소비자심리지수 혹은 소비자심리조사결과는 사실상 소비증감과 동행지표일 뿐이라면, 소비지출이 증가할 것을 미리 알 수 있는 수단은 무엇일까. 이는 소비를 할 수 있는 수단을 생각해보면 된다. 소비가 축소된 상태에서 1차적으로 소비를 늘리기 위해서는 실질임금이 상승하거나 대출이자가 내려야 한다. (소비는 여유자금과 대출, 신용으로 하기 때문)

'실질'이란 단어는 인플레이션 효과를 감안한 것을 말하며, 예를 들면 인플레이션이 평균 수준인(중장기 잠재성장률과 별 차이 없이) 3.5% 전후보다 비교적 낮다면 실질임금의 가치는 하락하지 않는다. 또한 대출이자가 내리기 위한 주요 조건 중 하나는 기준금리가 내려가는 것이다. 그러므로 실질임금이 상승하는 효과와 대출이자가 내리는 효과를 동시에 누리는 상황이 가장 소비확대에 좋은 선행적 상황인데, 이런 상황은 경기침체가 상당히 진행되어 경제를 활성화하기 위해서 중앙은행이 기준금리를 상당폭 내린 직후가 가장 대표적이다. (아직 실물경제는 얼어붙어 있어서 물가인상은 없음에도 금리는 낮아진 상태)

물론, 이때 주식시장이 먼저 바닥을 딛고 상승을 시작한 후(금리인하와 함께 진행), 이미 단행된 금리 인하와 아직까지는 낮은 물가상승률에 힘입어 소비가 서서히 살아나고, 소비증가에 의한 기업실적 개선이 일정 기간 이상 지속되면 우선 고용이 증가하고, 마지막에 자본적 지출이 증가하는 수순을 따른다. (한편, 2차적인 소비확대는 실물경기 호전과 더불어 주식, 부동산 등 자산가격의 상승에 힘입은 '부의 효과'와 동행지표에 해당하는 소비자심리 등에 의해 강화되며, 점차 경기과열을 초래하게 된다.)

한편, 소비가 과열된 상태에서 소비지출 증가율이 주춤하기 위해서는 실질임금이 하락하거나 대출이자가(대개 두 가지가 겹친다.) 올라야 한다. 이 경우 위와는 반대의 순서를 따르게 되며, 우선 소비가 과열되고 기업실적이 최고치에 접근해가면서 점차 인플레이션이 평균적인 수준을(중장기 잠재성장률을 초과하는) 넘어서게 된다. 이에 실질임금이 하락하는 효과가 발생하여(물가상승률에 가속이 붙었으므로) 소비지출증가율이 점차 둔화되기 시작한다. 그러나 소비지출 증가율이 주춤하는 것이지 소비지출 총액 자체가 감소(마이너스)하는 것은 아니기 때문에 정책당국은 인플레이션이 가속화되는 시점에서 필요한 만큼 금리를 인상하게 된다. 금리인상에 의해 대출과 신용에 기반한 소비도 주춤하게 되면서, 소비지출 증가율은 정점을 치고 내려오게 된다.

높은 인플레이션 효과와 금리인상에 의해 주식시장이 1차적으로 크게 하락하고 나면, 시차를 두고 소비지출 증가율이 정점을 치고 내려오는 것이다.

즉, 경기침체 상태에서 최초에 소비지출 증가율이 반등할 것을 미리 알 수 있는 것은 낮은 인플레이션을 감안한 실질소득 상승과 금리인하이며, 경기호황 상태에서 최초에 소비지출 증가율이 하락할 것을 미리 알 수 있는 것은 높은 인플레이션을 감안한 실질소득 하락과 금리인상이다. 결국 인플레이션과 금리의 주기적인 순환이 소비확대의 가장 중요한 선행지표임을 다시 한번 확인할 수 있는 것이다.

(사족으로, 임금인상률은 잠재경제성장률 전후가 적당하다. 그를 하회하는 경우 기업의 가격경쟁력은 강해지지만 경제적 불평등이 심해져서 내수의 대중시장(매스마켓)이 커질 수 없고, 그를 상회하는 경우 기업의 가격경쟁력이 떨어져서 실적 및 사업규모가 축소되므로 해고를 피할 수 없기 때문이다.)

3. 고용, 실업과 주식시장

고용률은 소비지출의 후행지표라고 앞서 설명했는데, 고용률(및 실업률)만 따로 떼어서 소비지출, 주식시장 등과의 관계를 좀 더 명확히 살펴보자. 뒤늦은 후행지표를 곰곰이 뜯어보고 투자의사결정을 하기 때문에 언제나 두세 발이 늦는(겉으로는 분위기가 좋지만 실상 빠져나가야 할 때 눈치를 채지 못하기에) 아마추어들보다 높은 수익률을 위해서는 이를 잘 이해해야 하기 때문이다.

고용률은 후행지표

우선 금리인하 시기와 앞뒤를 다투며 주식시장이 바닥을 치고 1차적으로 상승하고 나서 후행적으로 소비지출과 기업실적 역시 바닥을 딛고 개선되기 시작한다. 이때 경기는 바닥을 쳤는데 아직 고용이 부진하여 실업률이 그다지 하락하는 모습을 보이지 못하고, 심지어는 고용없는 회복이 문제라는 지적을 일시적으로 산업계 전체 혹은 산업구조 자체가 받게 된다. (1인당 **GDP**가 올라가고 경제가 성숙하면서 산업구조가 완전히 바뀌게 되어, 경기호황 및 활황기에도 '진짜' 고용없는 성장이 이루어지면 문제다. 다만, 여기서 말하는 고용없는 회복은 그러한 초장기적인 구조적 문제가 아니다.)

하지만 계약직 직원이 아닌 정규직 직원의 형태는 기업의 입장에서 비용 부담(임금의 크기와 고용 지속성)이 크기 때문에 웬만큼 경영진이 경기회복을 확신하지 않으면 고용을 확대하기는 어렵다. 그러므로 실물경제에서는 경기가 바닥을 치고 나서 몇 분기에서 일 년 가까이 기간이 흘러서야 본격적으로 고용을 확대하는(실업률이 하락하는) 경우가 대부분이다. 즉, 반짝 경기회복이 아니라 추세적인 경기회복이라는 것을 기업이 확신해야 비로소 고용을 확대하기 때문에, 고용지표는 소비와 기업의 실적지표에 후행하는 것이다. 그러므로 현명한 주식투자자라면 이제 본격적인 상승장의 아주 초기에 들어선 주식시장의 국면에서 투자를 확대해야지, 뉴스에서 실업률이 여전히 높다느니 고용없는 성장이 이루어지고 있다느니(소비와 실적개선이 지속적으로 이어지면 고용은 후행적으로 크게 확대된다.) 하는 어두운 기사내용에 현혹되어 아직 주식시장이 쌀쌀한 겨울이라고 착각해서는 안 된다. 땅 표면에 살짝 얼어있는(높은 실업률) 얼음 밑에는 봄이(주가상승이) 이미 시작되었다.

반대의 경우도 마찬가지로, 경기가 과열되고 경제의 성장속도가 (소비지출과 기업실적 등) 둔화되기 시작할 때 주식시장이 제일 먼저 낌새를 채고 1차적으로 하락하며 이에 후행하여 실제로 소비지출과 기업실적이 천정을 치고 내려오기 시작하는데, 고용률과 실업률은 아직도 매우 양호한 상태를 보인다. 즉, 기업이 직원을 해고하는 것은 생각보다 쉬운 일이 아니다. 금융업계가 되었든 반도체업계가 되었든 건설업계가 되었든 업종을 불문하고, 경기가 천정을 치고 내려온다고 해서 직원들을 대량으로 해고하지는 않는다. 특히 정규직원들의 경우에는 경기하락이 몇 분기 이상 진행되어 경기침체가 확실해졌을 때에도 쉽게 해고하지 못한다. 고용에서와 같이 마찬가지로 경기침체가 일정 기간 이상 이어지면서 기업의 실적이 하락에 또 하락을 거듭하게 되고, 기업은 실적하락폭보다 몇 발자국 늦게 해고를 감행한다.

본서에서 말하고자 하는 것은 산업계의 해고와 실업률 변동이 자연스럽고 당연하다고 말하고자 함이 아니다. (필자는 가치투자전문가이지 정치적인 견해를 피력할 의도는 없다.) 실업률의 상승 역시 실업률의 하락과 마찬가지로 상당히 후행적인 지표라는 것이다. 즉, 경기가 하락을 시작한 후에도 몇 분기가 지나서야 기업들은 고용을 억제하고, 또 몇 분기가 더 지나서야 기업들은 비로소 해고를 고민하는 것이다. 그러므로 주식시장이 이제 가을에 접어들어 쌀쌀한 기운을 느끼기도 전에 1차적인 하락을 시작하고 그에 후행하여 소비와 기업실적도 정점을 기록한 후 감소하는 마당에, 뉴스에서 아직 고용이 굳건하고 실업률이 꽤 낮은 수준이라는 등 단순 경제기사를 보고 '아직 주식시장의 상승이 다하지 않았으며, 반드시 반등할 것이다'는 희망을 가져서는 곤란하다. 이때 버스에서 내리지 않을 경우 큰 손실을 입게 될 것이며, 시간적으로도 주식시장의 가을과 겨울 전체를(확대되는 손실과 함께) 견뎌내야 할 것이다.

주식투자는 앞을 보고 하는 것

주식투자는 지금을 보고 하는 것이 아니라 앞을 보고 해야 하기 때문에 가장 좋을 때는(이 부분이 초보투자자에게 가장 어렵다.) 팔아야 할 때이다. 지금 가장 좋은 상황이라면 더 나빠질 일밖에 없기 때문이다. 또한 지금 가장 나쁜 상황이라면 당연히(이 부분도 초보투자자에게 또한 어렵다.) 사야 할 때이다. 지금 가장 나쁜 상황이라면 앞으로는 좋아질 일밖에 없기 때문이다.

  주식시장이 앞을 보고 해야 하는 것이며, 소비지출과 기업실적이 현재의 모습(사실 통계발표시점을 감안하면 이미 1~3달 늦은 정보)이라면, 고용과 실업은 과거의 모습이다. 과거에 상당기간에 걸쳐 경기가 개선되었기에 비로소 고용을 확대하는 것이고, 과거에 상당기간에 걸쳐 경기가 악화되었기에 비로소 고용을 억제하고 해고를 실행하는 것이기 때문이다.

  현명한 주식투자자라면 과거의 모습은 물론, 현재의 모습을 보면서 감정적으로 미래의 시장을 느껴서는 곤란하다. 주식시장은 판단해야 하는 대상이고 분석해야 하는 대상이기 때문에, 감정적으로 기쁨과 슬픔, 두려움과 욕심 등을 느끼면서 감정에 의한 투자를 하면 반드시 필패한다.

  오히려 경기침체가 지속되는 상황에서 실업률마저 가파른 속도로 상승하기 시작할 때, 사태의 심각성(기업이 해고를 본격적으로 시작할 때는 업황악화가 꽤 갈 데까지 간 상황)을 비로소 절감하는 정부의 재정정책과 중앙은행의 금리정책이 조만간에 실행될 것을 역발상적으로 예견하고, 슬슬 주식자산에 대해서 분할매수를 검토하는 편이 좋다. 물론 이때는 주식시장 자체가 큰 폭으로 여러 번 하락한 이후로, 물 반 고기 반이라는 표현과 마찬가지로 기업가치에 비해 매우 저평가된 종목들이 많이 널려 있기도 하다.

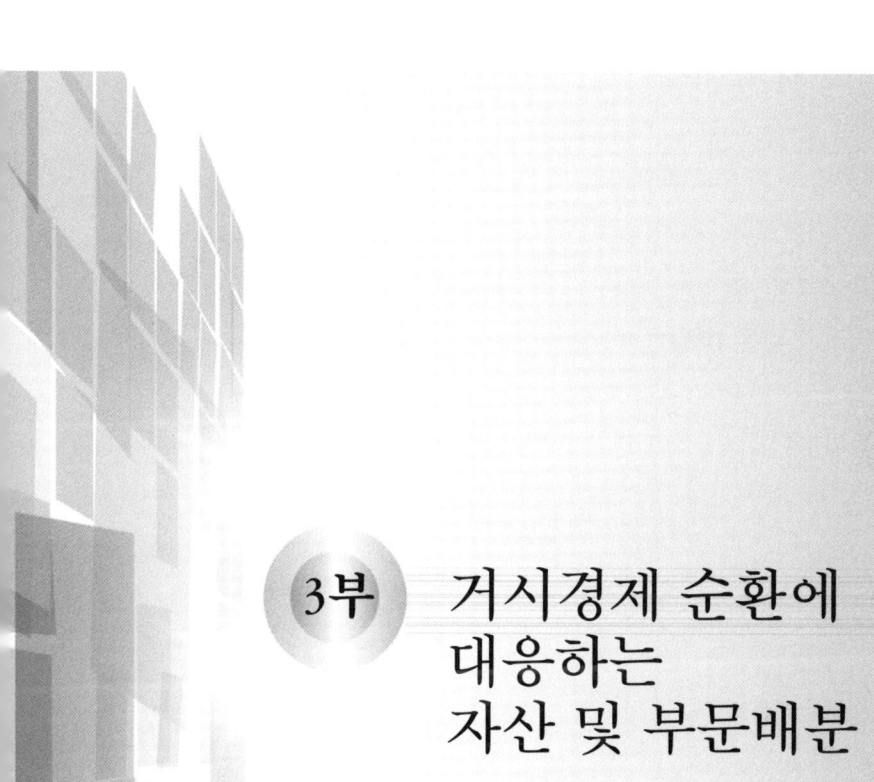

3부 거시경제 순환에 대응하는 자산 및 부문배분

/1장/
포트폴리오의 효용과 핵심

1. 수익률 대 리스크, 안전자산과 주식

주식을 포함한 모든 투자자산에는 수익률과 리스크의 개념이 있다. 수익률은 원금 대비 얼마 정도의 수익률을 올릴 수 있을 것인가의 개념이며, 리스크란 단기와 장기의 개념이 다르다. 단기 리스크는(즉, 단기투자자에게 있어서 리스크) 가격변동성을 이야기하며, 장기 리스크는(즉, 장기투자자에게 있어서 리스크) 실제 손실 가능성을 이야기한다.

모든 투자자산에는 수익률과 리스크가 있게 마련이고, 수익률이 높고 리스크가 낮을수록 투자자산이 높은 가치를 가지며, 수익률이 낮고 리스크가 높을수록 투자자산이 낮은 가치를 가진다. 예를 들면, 장기적인 투자수익률이(연평균) 10%이며 장기적인 리스크(손실)가 5%인 투자상품은, 장기적인 투자수익률이 10%이지만 장기적인 리스크도 10%인 투자상품보다 훨씬 가치가 높으며, 대체로 높은 가격을 유지한다.

즉, 투자상품의 가치는 중장기적인 수익률과 중장기적인 리스크를 감안하여 결정이 된다. (작거나 큰 모든 자본은, 마치 물이 높은 곳에서 낮은 곳으로 흘러내려가듯이 궁극적으로 리스크 대비 수익률이 매력적인 자산으로 옮겨가는 것이다.)

여기서 수익률과 리스크의 단기적인 추세로 인해 특정 투자상품(주식, 채권, 부동산 및 기타 형태의 투자자산)의 가격이 단기적으로 변동하게 된다. 단기적인 수익률 추세의 의미는 부동산의 경우 경기등락에 따른 임대수익률의 단기변동성, 주식의 경우 경기등락에 따른 기업의 자본수익률(ROE)의 단기변동성 등을 의미하며, 단기적인 리스크라 함은 그에 따른 가격변동성을 말한다.

이때 해당 투자상품의 근본적인 수익률과 근본적인 리스크를 파악하고 있는 현명한 투자자는 주기적인 매수매도를 통해 초과수익을 올리게 되고(일시적으로 낮은 임대수익률을 보이는 우량 부동산, 일시적으로 낮은 ROE를 보이는 우량 주식종목 등에 투자) 단기적인 수익률과 리스크만을 눈으로 쫓고 있는 아마추어투자자들(혹은 투기자들)은 주기적으로 손실을 보게 된다. (좋아 보이는 상황에서 높은 가격에 매수, 나빠 보이는 상황에서 낮은 가격에 매도)

중장기 수익률과 리스크

한편, 중장기적 수익률의 개념은 어렵지 않다. 지속가능한 예금 자산의 이자수익률, 부동산 자산의 임대수익률(부동산의 단기 가격변동에 따른 수익은 투자수익률이 아니라 자본차익, 즉 매매수익률임), **주식자산의 자기자본이익률**(주식의 단기 가격변동에 따른 수익 역시 자본차익, 즉 매매수익률임) 등 투자원금에서 발생하는 지속적인 이익이나 현금흐름의 비율을 말한다.

그러나 중장기 리스크, 즉 손실 리스크는 그렇게 눈에 보이게 뚜렷하지는 않다. 손실 확률에 따른 최소한의 이자율, 손실 확률에 따른 최소한의 투자수익률이 바로 리스크의 개념이다. 리스크는 채권이나 주식 등 자산의 형태에 따라 다르며, 같은 자산의 형태라고 해도 국가 별로 다르며(산업, 기업별로도 마찬가지), 초장기적으로 보면 한 국가에서도 발전단계 별로 리스크가 달라질 수 있다.

리스크의 오랜 속성

기본적으로 안정되고 발전이 약속된 국가, 산업, 기업에 있어서 리스크는 매우 낮으며, 불안정하고 존속 자체가 위태로운 국가, 산업, 기업에 있어서 리스크는 매우 높다. 주식시장과 주식투자라는 개념이 생긴 것도 벌써 수백 년이 되지만, 사실 리스크는 현대나 근대 사회만이 아니라, 중세나 고대 사회에서도 존재하던 개념이다. 예를 들면, 페르시아나 그리스, 로마 등 고대 국가에서도 이자율이 시기에 따라 변했다. 불안정하지만 빠른 속도로 발전하던 국가 성립 초기의 이자율에 비해서 가장 안정적인 사회구조와 경제적 부흥을 이룬 전성기 시대에 이자율이 가장 낮아졌다가, 국운이 기울기 시작하면서 다시 이자율이 상승했던 것이다. 고대, 중세, 근현대를 막론하고 시대가 더욱 안정되고 부유함이 넘치던 국가일수록 리스크는 낮았으며, 정치적으로 불안하고 재정이 비어갈수록 리스크가 높아졌다. (안정적이고 부유한 국가일지라도 일시적으로 위기에 빠졌을 때는 이자율이 단기적으로 치솟았다는 것을 여기서 알아두자.)

이것은 현대 사회의 선진국과 개발도상국 간의 금리 차이를 보면 알 수 있다. 보다 안정적인 정치사회구조(정당정치와 민주주의 등)와 발전된 경제산업구조를 가진 선진국의 기준금리가 대체로 2%~4% 사이에 있는 반면에, 상대적으로 불안한 정치사회구조(심지어 독재, 종교 대립 등)와 낙후된 경제산업구조에 머무르는 개발도상국의 기준금리는 그보다 훨씬 높다. (앞서 덧붙인 말과 마찬가지로, 선진국이라고 할지라도 일시적으로 위기에 빠졌을 때는 이자율이 단기적으로 치솟았다. 이때 리스크가 상승함으로써 주식의 가격이 일시적으로 크게 하락한다면, 당연히 좋은 역발상 투자기회가 된다.)

특히, 주식시장과 개별 주식종목들에 대한 리스크는 안전자산인 예금보다 리스크가 높은 것은 물론, 손실확률이 존재하는 기업의 채권보다도(채권은 기업을 청산할 때 자본총계에 비해서 선순위) 리스크가 높다. 물론, 주식자산이 예금은 물론 채권보다도 장기수익률이 훨씬 높다. (자기자본이익률이라는 주식의 투자수익률과 마찬가지로, 장기적인 주식의 매매차익률 역시 매우 높다.)

안정적인 국가나 자산일수록 리스크가 낮고, 불안정한 국가나 손실 리스크가 높은 자산일수록 리스크가 높다는 것을 간단히 이해했다면, 특히 주식자산과 채권자산에(같은 기업의 주식자산에 비해서는 리스크가 낮음) 대해서 알아보자.

주식이 채권보다 투자매력도가 높은 이유

우선 주식자산과 채권자산의 장기 리스크는 주식자산 쪽이(기업청산시 채권보다 후순위) 더 높은 것은 사실이다. 하지만 주식자산의 투자수익률(자기자본이익률)과 장기 자본차익률이 채권에 비해 압도적으로 높기 때문에, 리스크와 수익률을 모두 고려하면 주식자산의 투자매력도가 압도적으로 높다.

그런 이유는 무엇일까. 주식자산의 투자수익률이 채권자산의 투자수익률보다 높은 다양한 이유 중에서 가장 핵심적인 세 가지를 꼽자면, 첫째가 주식자산이 채권에 비해서 후순위라는 점, 둘째가 금본위제도에서 관리통화시스템으로 넘어오면서 발생한 주식자산의 유리함, 셋째가 기업이라는 자산의 본질적인 고수익성 등으로 볼 수 있다.

주식이 채권보다 투자수익률이 높은 첫째 이유로, 기업의 자산 중 주식자산(자본총계)이 채권보다 후순위라는 점은 이미 설명했다. 선순위인 채권에 비해서 후순위이기 때문에 기업의 존속이 위태로울 경우 원금회수가 보다 불확실한 주식자산에 투자할 자본(혹은 자본가)을 구하기 위해서는, 당연히 기업의 수익창출이 양호할 때 이익 중 더욱 많은 부분이 주식(자본총계)소유자에게 귀속되어야 한다. 정상적으로 수익을 창출하고 있는 기업의 이익 중에서 고정된 채권자의 몫보다 훨씬 많은 몫을 가져가지 않는 이상, 아무도 주식에 투자하지 않을 것이며 산업과 기업은 충분한 자본을 모으지 못할 것이다. (산업과 기업은 과도한 부채를 피하고 충분한 자본을 모으기 위해서, 자본가인 주식투자자에게 채권자보다 기본적으로 이익을 더 많이 귀속시킨다.)

둘째로, 금본위제도에서 관리통화시스템으로 넘어오면서 주식자산의 유리함이(추가적으로) 발생했다. 금본위제도 하에서는 국민이 원하면 정부는 금과 화폐를 서로 교환해주어야 했으며, 화폐 통화량을 늘릴 경우 화폐가치하락을 염려한 국민들이 화폐를 금으로 교환하여 금 보유고가 바닥날 수 있었다. 즉, 경기가 어렵다고 해서 화폐량을 늘리거나 경기가 너무 과열되었다고 해서 화폐량을 줄일 수가(이럴 경우 국민은 대량으로 금을 화폐로 교환) 없었다.

이런 약점으로 인해 1931년 영국에서 금본위제도를 포기한 이래, 미국에 이어서 세계 모든 나라들이 차례차례로 금본위제도에서 관리통화시스템으로 옮겨왔다.

관리통화제도의 장점은 경기가 온탕과 냉탕을 오가는 극심한 변동성을 겪는 동안에 그 정도를 완화할 수 있다는 점이다. 즉, 경기하락시 화폐를 추가 발행하여 경기 침체의 영향을 줄이며, 경기과열시 통화량을 줄여서 경기 과열의 영향을 줄일 수 있는 것이다. 이후 경기변동성은 이전보다 평균적으로 완화되고 있으며(1930년대 이후의 경기고점과 저점 사이의 낙차가 과거 수백 년보다 낮아짐) 경기사이클의 폭과(기간) 높이(정도)가 비교적 줄어들었다.

그런데 관리통화제도의 특징상, 그 이전 어느 시대에 비해서도 장기 인플레이션이(화폐량이 점차 늘어날 수밖에 없으므로) 높아졌다. 오히려 경기침체를 막고 최소한의 경제발전을 유지하기 위한 적정 인플레이션이 존재할 정도로, 잠재성장률 전후의 인플레이션은 당연한 것이 되었고, 오히려 필요한 것이 되었다. 고정 이자소득을 지급하는 채권이라는 자산은 인플레이션 효과와 더불어 그 가치가 점차 하락하게 되며 제품, 상품 및 서비스 가격만 올리면(인플레이션 현상 안에 기업의 판매가격이 포함) 인플레이션 효과를 상쇄할 수 있는 주식자산은(기업의 이익이 증가하므로) 그 가치를 유지할 수 있기 때문이다.

주식자산의 투자수익률이 채권보다 높은 세 번째 이유가 기업이라는 자산의 본질적인 고수익성이라고 했다. 기업이라는 형태는 근본적으로 이익을 내는 것이 지상과제가 아닌 공공기관, 이익을 내는 것이 지상과제이지만 직접 사업을 하는 리스크가 없는 근로행위 등 보다 훨씬 투자수익률이 높아야 하고 또 높은 형태이다. 손실이 발생하더라도 공적인 목적상 필요하다면 공적 자금으로 손실보전이 가능한 공공기관은 물론, 직접 사업을 하는 여러 가지 위험과 도전(자본의 조달, 사업기획과 실행, 실패에 대한 전적인 책임 등)을 피하고 오직 수익만을 꾀하는 근로행위보다 수익성이 높지 않은 기업(및 사업)은 오래 존재할 수도 없을 뿐더러, 자본가 입장에서 존재가치 역시 전혀 없다.

　기업은 자본가가 가장 자신있는 업종에서 최고의 경영전략을 수립하고 뛰어난 근로자들의 조력을 받아 경영, 관리하는 경제주체로서, 지구상에 존재하는 다양한 경제주체 중에서 가장 효율적이고 효과적인(그렇지 않으면 경쟁에서 밀리는) 존재이다.

　요컨대, 주식자산의 투자수익률이 채권자산의 투자수익률보다 높은 가장 핵심적인 세 가지 이유로는, 주식자산이 채권에 비해서 후순위라서 더 큰 기대수익률이 필수적이며, 금본위제도에서 관리

통화시스템으로 넘어오면서 발생한 장기적인 인플레이션이 주식자산의 투자수익률을 높여주며, 마지막으로 기업이라는 자산의 태생적인 고수익성(자본, 전략, 근로자 등의 능력을 최대치까지 활용) 등으로 볼 수 있다.

중장기적 수익률은 예금<채권<주식

위에서 설명한 채권과 주식의 내용에다가 예금을 추가해서 중간 결론을 내리자면 예금과 채권, 주식자산에 대한 투자수익률은 장기적으로 예금이 가장 낮고, 채권이 보다 높으며, 주식이 압도적으로 높다. 1901년부터 100년에 걸친 미국 자본주의의 예를 들어 말하면, 100년간 연평균 수익률(장기 평균)에 있어서 주식이 약 9.9%, 국채(채권 중 가장 안전자산) 중에서 장기 국채가 4.85%, 단기 국채가 3.86%였다. 이 시기에 장기 평균 인플레이션이 3.6%였음을 감안하면, 단기 국채가 거의 실질수익률이 없는 것에 비해서 주식자산은 연평균 6% 이상의 초과수익률을 올린 것이다. (연평균 수익률 6% 차이는 40년 연복리로 계산할 시 9배~10배가량 누적수익률 차이가 난다.)

그러므로 결국 주식자산의 리스크를 이야기할 때는 두 가지로 나누어서 이해해야 한다. 단기적으로는 주식자산의 가격변동성이 채권보다도 높아서 위험해 보이지만, 장기적으로 주식자산의 손실 가능성은 매우 낮기 때문에(생존편향 효과를 없애기 위해서 상장폐지 종목 등 모든 주식을 포함하여 계산할지라도 주식자산의 리스크 대비 수익률은 여전히 압도적으로 높다.) 원금이 손실을 입을 리스크는 생각보다 높지 않다.

즉, 단기투자자라면 주식투자를 접어야 한다. 왜냐하면 대부분의 차티스트들이 말하는 것과는 달리, 일분 후, 내일, 일주일 후, 한 달, 한 분기 후의 주가방향을 예측할 수는(이 정도 기간에는 예측하지 못한 별의별 단기 이슈가 발생 가능) 없기 때문이다. 하지만, 주식자산의 특성(장기적으로 압도적인 수익률을 올리지만 단기적으로 가격변동성이 크다는)을 잘 알고 투자하는 중장기투자자라면, 단기적인 가격변동성을 이용하기 위해서도 6개월에서 2년 정도가 필요할 수 있으며(재고순환 사이클의 반 이내), 기업가치의 상승과 더불어 장기적으로 고수익을 올리려면 그 이상의 기간 동안 투자원금을 묶혀야 한다는 것을 알아야 한다.

물론, 중장기에 걸쳐서 기업가치가 상승하는 동안에도 기업의 가격이 일시적으로 매우 고평가되면 대부분의 보유지분을 매도하고, 매우 저평가되면 추가 매수하는 등 현명한 가치투자자에게 초과수익은 얼마든지 더 있을 수 있다.

(위와 같이 수익률 면에서 물론 주식이 유리하지만, 채권자산과 함께 투자할 때 안정성과 초과수익률이 동시에 보장된다. 포트폴리오에 대한 내용은 본서의 이후 장에서 구체적으로 다룰 예정이다.)

2. 주식 부문, 채권의 수익과 리스크

단기 리스크(가격변동성)와 수익률 간에 대한 오랜 통계와 논의가 있는데, 주식의 부문 별로 장기수익률이 차이가 날 수 있는지에 대한 것이다. 학계와 업계는 공통적으로 명확히 수익률 차이가 나는 구분법을 열거해 왔으며, 이에 가장 기본적인 주식 부문의 구분과 장기수익률의 우열을 정리한다.

소형주와 대형주

역사적으로 소형주는 대형주를 장기수익률 면에서 압도해온 대신에, 단기적인 주가변동성은 훨씬 컸다. 과거 백 년, 이백 년 등 모든 통계에서 그 결과가 단순히 일치하는 것 이상으로, 이런 현상은 본질적으로 당연한 것이다. 소형주는 성장률이 비교적 높아서 자본수익률이 높지만, 높은 성장률로 말미암아 주기적으로 높은 기대감과 심한 실망감(업황이 나빠질 때마다) 때문에 주가변동성 역시 크다. 대형주는 안정적인 사업구조(여러 사업부문이나 다양한 국가에 설립한 자회사 등)와 큰 기업규모로 인해서 성장률도 비교적 높지 않고, 실적 등락 폭이 소형주에 비해서 적기 때문에 기대와 실망에 따른 주가변동성 역시 비교적 적다.

이 말이 실질적으로 의미하는 바는, 장기수익률 극대화를 목표로 하는 가치투자자는 저평가된 우량기업들을 투자후보군으로 선정하는 과정만 옳다면 결과적으로 소형우량주들에 집중투자를 해도 무방하지만, 보유 포트폴리오의 가격변동성 확대를 두려워하는 보수적인 투자자는 소형주 부문에만 집중적으로 투자하는 것을 피해야 한다는 말이다. 가격의 변동성을 가장 낮추는 방법은 바로 대형주와 소형주에 분산투자하는 것이다. 대형주와 소형주는 가격변동성이 다른 것은 물론 주가등락의 방향과 순서도 서로 일치하지는 않기 때문에, 대형주에만 투자하는 것보다 대형주와 소형주를 믹스하여 투자하는 것이(직관적 느낌과는 달리) 오히려 변동성이 적다.

경기변동형 업종과 경기방어형 업종

한편, 경기변동형(경기민감형과 동의어) 업종의 기업과 경기방어형 업종의 기업 사이에는 장기수익률 차이가(국가마다 다름) 뚜렷하게 없으나, 가격변동성 차이는 뚜렷하다. 경기변동형 기업은 그 실적의 변동성 이상으로 주가변동성이 크고, 경기방어형 기업은 실적이 안정적인 만큼 주가변동성이 적은 편이다. 게다가 이 두 스타일(경기등락에 실적이 민감하게 반응하는 정도) 기업의 주가등락은 그 시기마저 다를 경우가 많다. 공격적이든 보수적이든 상관없이 현명한 투자자이기만 하다면, 경기변동형 기업과 경기방어형 기업에 함께 투자할 때 포트폴리오 전체 관점에서 초과수익률을 낼 수 있다. 두 부문의 가격변동성의 정도가 다르며, 심지어는 등락의 방향도 다를 수 있으므로, 현재 수익률이 아주 좋은 부문을 분할매도하고(향후 악화되기 전에) 현재 수익률이 아주 저조한 부문을 분할 매수함으로써(향후 개선되기 전에) 각 부문을 따로 투자했을 경우보다 훨씬 빠른 초과수익률을 누적시킬 수 있는 것이다.

이머징 국가와 선진국 주식시장

기타 이머징 국가의 주식시장과 선진국의 주식시장을 비교해 볼 수도 있다. 성장일로에 있는 이머징 국가의 경우 주식시장의 장기 상승률이 비교적 높은 편이지만 주식시장의 등락폭(가격변동성)이 매우 크다. 반면에 성숙기와 쇠퇴기에 있는 선진국의 경우 주식시장의 장기상승률이 비교적 낮은 대신에(이머징 부문 성장의 혜택을 보기 때문에 쉽게 역성장하지는 않는다.) 주식시장의 등락폭이 이머징 국가보다는 적은 편이다. 이 역시 현명한 투자자가 국내외 주식자산으로 투자대상을 확대할 경우, 국내 주식에 직접투자할 뿐 아니라, 이머징과 선진국 주식자산(펀드나 직접투자, 주로 펀드)에도 분산투자해야 포트폴리오의 안정성은 물론이고 초과수익률 면에서도 크게 유리해진다는 것을 알게 해 준다.

주식과 채권의 역발상적 병행투자

채권은 어떠한가. 인플레이션을 반영한 장기수익률 면에서 채권은 주식의 상대가 되지 않는다. 그러면 주식투자만 할 때와 주식과 채권을 병행할 때, 그리고 채권만 투자할 때 장기수익률 순위가 어떻게 될까? 한 번 투자한 자산을 영구 보유할 경우, 당연히 주식투자만(분산투자) 할 때의 장기수익률이 가장 높고, 주식과 채권을 병행할 때, 마지막으로 채권만 투자할 때의 순으로 장기수익률이 높다.

그런데 질문을 살짝 바꾸어서, 주식과 채권을 일정한 고정 비율로(이를테면 주식 70 대 채권 30) 투자할 때와 주식에만 투자할 때 중에서 어느 편이 장기수익률이 더 높을까. 혹은 주식이 크게 오르면 주식비중을 오히려 낮추고 채권이 상대적으로 오르면 채권비중을 오히려 낮추는 등 주식과 채권을 역발상 비율로 투자할 때와 주식에만 투지할 때 중에서 어느 편이 장기수익률이 더 높을까.

위 질문에 답하자면, 주식과 채권을 역발상 비율로 투자할 때가 압도적으로 가장 장기수익률이 높고, 주식시장의 등락폭이 크고 주기가 잦을수록 주식과 채권을 일정한 고정 비율로 투자할 때가 주식에만 투자할 때보다 장기수익률이 높다. 물론, 현실에서 있을 수 없는 주식시장의 매끄러운 장기상승이 수십 년간 이어진다면 주식에만 투자하는 편이 좋을 것이지만, 주식시장은 본래 크게 등락하는 장소이며, 또한 크게 등락할 수밖에 없다. 그것은 당연한 일인데, 왜냐하면 주식시장은 지적인 절대자가 냉정하게 조정하는 거래시장이 아니라, 지극히 평균적인 지적 수준이며 매우 감정적인 대중적 투자자들이 큰 영향을 미치는 거래시장이기 때문이다.

다시 말하지만, 주식과 채권을 역발상 비율로 투자할 때가 압도적으로 가장 장기수익률이 높다. 그것은 보유자산 중 주식자산의 중기적(2~5년에 걸친) 주가 상승률이 과도하여 본래 기준보다 주식자산의 비중이 크게 증가했을 때 주식자산의 비중을 줄이는 행위가, 향후 고평가된 주식자산의 하락을 미리 대비하게 해주기 때문이다. 또한 채권(채권형 펀드, 기업 및 국가 채권 등)자산의 수익률이 올라가면서,

포트폴리오 내에서 채권자산의 비중이 크게 증가한 만큼 주식자산의 하락률이 과도했을 때, 주식자산의 비중을 늘리는 행위가, 향후 주식자산의 반등을 미리 대비하게 해주기 때문이다. (아마추어 개인, 기관투자자들은 상황이 한창 좋을 때 언제 주가가 하락할지 알기 힘들고, 반대로 악화일로일 때는 주가반등을 예측하기 어려운 법이기에 역발상 포트폴리오의 효과는 꽤나 강력하다.)

요컨대, 주식은 장기수익률 면에서 채권을 압도하지만 가격변동성이 크기에 채권과 함께 분산투자할 경우 주식시장이 하락하는 동안에도 효과적인 대응을 통해 큰 폭의 초과수익률을 올릴 수 있다. 또한 주식 부문 중에서도 소형주와 대형주, 경기변동주와 경기방어주, 선진국 주식시장과 이머징 주식시장 등 다양한 부문에 분산투자함으로써 각 부문 주식자산의 장기적인 수익률을 누리는 것은 물론이고, 중기적인 가격변동성도 최대한으로 활용할 수(예를 들면, 경기방어주를 팔고 경기변동주를 산다든지) 있게 된다.

현명한 거시투자자의 포트폴리오(주식 뿐 아니라 수익률과 리스크가 다른 다양한 자산에 분산투자하여 수익률을 극대화하는 것)에 대해서 이제부터 좀 더 깊이 들여다볼 준비가 되었다.

3. 거시투자 포트폴리오 원칙

거시경제 부문의 유효한 정보를 이용하여 투자자산 전체(이하 '포트폴리오'라고 한다.)에 대해서 주기적으로 초과수익을 올리기 위해서는, 세 가지 단계의 가격변동성 및 손실리스크를 잘 알고 현명하게 분산투자를 해야 한다.

세 가지 단계란 주식시장, 채권, 외환 등 투자부문의 가격변동성, 주식시장의 부문별 가격변동성(가격변동성 외에도 드물게 장기적인 산업구조 악화로 인한 손실리스크), 주식시장의 종목별 가격변동 및 손실 리스크 등을 말한다.

주식시장, 채권, 외환 등의 가격변동성 단계

우선 첫 번째 단계를 살펴보자.

그 중에서 주식시장의 가격변동성이란, 주식시장의 장기적인 가치상승률을(상장사 전체의 중장기 이익성장률) 따라서 매끄럽게 종합주가지수가 장기적으로 상승하는 것이 아니라(우리나라의 경우 연평균 10% 전후로) 주기적으로 경기등락에 따라 종합주가지수가 그보다 크게 상승하기도 크게 하락하기도 하는 것을 말한다. 주식시장의 가격변동성에 대응할 수 있는 전략은 두 가지 방식으로(각각 혹은 결합하여) 볼 수 있다.

첫째, 주식시장 자체의 고평가 혹은 저평가 정도를 계량적으로 평가하여 역발상적으로(저평가일 경우 주식비중 확대, 고평가일 경우 축소 등)

대응하는, 계량적 역발상 대응전략이 있다. 둘째, 주식시장이 가파르게 상승하여 전체 포트폴리오 내 비중이 올라가는 만큼 상대적으로 비중이 하락한 다른 투자대상의 비중을 미리(해당 자산이 오르기 전에) 역발상적으로 늘려주는, 거시적 역발상 대응전략이 있다. 거시경제적으로는 아무리 소비와 기업실적이 좋더라도 인플레이션이 심화되어 금리를 인상하게 될 경우 주식시장은 본격적인 하락을 시작하게 되며, 금리를 인하한 후 아직 인플레이션 우려가 없을 때(경기가 최악의 상황임에도 불구하고) 본격적인 상승을 시작하게 된다.

다음으로 채권자산(채권형 펀드, 국고채나 사채)의 가격변동성은 금리와 관련이 있는데, 일정한 이자율이 적용되는 채권의 특성상 채권자산에 투자한 이후 금리가 내려가게 되면(금리가 높았던 채권자산을 보유 중이므로) 매수한 채권자산의 가격이 올라가게 되고, 채권자산에 투자한 이후 금리가 올라가게 되면(금리가 낮았던 채권자산을 보유 중이므로) 매수한 채권자산의 가격이 하락하게 된다. 금리가 최고점에 있거나 천정을 치고 내려오기 시작할 때 수익률 면에서 매수가 유리하고, 금리가 최저점으로 향하고 있거나 바닥을 디디고 올라가기 직전에 매도하는 편이 수익률 면에서 유리하다.

또한 외환 자산(달러 등 외환기준 해외주식펀드나 개별주식, 해외채권펀드, 기타 외환)의 경우에는 해당 자산가격의 상승하락 요소 뿐 아니라, 환율의 변동에 따라서 환율이 상승하면 외환자산의 원화표시 가격이(수익률이) 올라가고 환율이 하락하면 외환자산의 원화표시 가격이(수익률이) 내려간다.

위와 같이 거시적인 환경변화에 따라서 주기적으로 주식, 채권, 외환 등 투자자산의 가격변동성이 발생하는데(방향이나 그 정도가 서로 다른), 개별 투자자산에 전체 자본을 투자하기보다는 특성이 서로 다른 투자자산에 전체 자본을 분산투자하게 되면, 주기적인 거시경제의 변화추세에 따라 적절히 대응함으로써 훨씬 높은 초과수익률을(개별 투자자산에만 올인하는 것보다) 올릴 수 있다.

주식시장의 부문별 가격변동성 단계

첫 번째 구분 단계에 이어서 두 번째 구분 단계로 주식시장은 부문별로 가격변동성의 정도와 방향이 다르기 때문에, 주식시장 내에서 부문 별로 분산투자함으로써 또한 충분히 큰 초과수익률을 지속적으로 올릴 수 있다.

대표적으로 산업이나 업종별로 주식시장의 부문을 나눌 수 있는데, 철강과 비철금속, 반도체와 디스플레이, 식품과 제약, 소매와 서비스 등 다양한 부문의 주식들은 서로 다른 시기에 다른 정도의 가격변동성을 보이기에, 한 부문에 투자하는 것보다 다양한 부문에 분산투자를 해야 한다. 그 결과 해당 부문의 중장기적인 이익성장률을 크게 초과하여 주가가 오르는 부문은 분할매도를 통해 이익실현을 하고(미래의 하락을 피하고), 반대로 중장기 이익성장률을 크게 하회하여 주가가 하락하는 부문은 시간을 두고 분할매수를 통해 미래이익을 쌓아둘(미래의 상승을 대비) 수 있다.

특히, 부문별 가격변동성은 해당 부문에 속한 개별 기업들의 주가 움직임에 상당히 영향을 미치기 때문에, 개별 종목들에 가장 집중하는 투자자라고 할지라도 전체적인 업종수익률의 순환추세를 보는 편이 (저평가 우량주에 역발상투자를 할지라도) 목표수익률을 보다 빨리 내는데 유리해진다.

한편, 가격변동성만이 아니라 개도국에서 중진국, 중진국에서 선진국으로 국가경제가 변모하면서 성장산업은(오늘의 성장산업은 내일의 성숙산업) 물론 사양산업이(어제의 성숙산업 중 아주 일부는 내일의 사양산업) 발생하게 된다. 이때 주의할 점은, 미래 사양산업의 경우 단순히 현재의 가격변동성만 참조하고 활용하는 것이 아니라 향후 산업구조의 불가역적인(되돌려 거꾸로 진행할 수 없는) 악화리스크가 있는지 검토해야 한다는 것이다. 근본적인 펀더멘털 훼손이 예상될 경우 투자를 철회하는 것이 좋다.

주식시장의 종목별 가격변동성, 손실리스크 단계

세 번째 단계는 주식시장의 종목별 가격변동성 및 손실 리스크이다. 우선 종목별 가격변동성이란 크게 두 가지로 나누어 볼 수 있다. 말 그대로 기업의 펀더멘털에는 변화가 없지만 단순한 업황등락이나 일시적인 악재나 호재, 심지어는 기타 테마편입(작전주의 일종) 및 테마제외 등으로 주가가 변동하기도 한다. 이런 경우는 개별 종목의 펀더멘털에 대해서 잘 알고 있는 가치투자자들에게는 그야말로 제 값보다 비싼 가격에 주식을 팔거나 정말 헐값에 주식을 살 수 있는 좋은 기회들이므로, 손실 우려의 상황이 아니라 수익기회의 상황일 뿐이다. 종목별 가격변동성은 위와 달리 기업의 펀더멘털에 변화가 생기면서 주가가 변동하는 현상도 포함한다. 이때는 위와 같이 단순히 주가만 변동하는 상황과는 달리 손실위험 여부까지 점검해야 한다.

한편 손실위험이란, 단순한 가격변동성과는 달리 기업이나 업종의 펀더멘털이(업종 내 경쟁구도가 구조적으로 강화되거나, 업종이 사양산업화되는 등) 근본적으로 훼손되어 애초에 매수한 주가보다도 내재가치가 하락할 경우에 발생한다.

종목별 가격변동성과 손실위험 개념을 동시에 이해했다면, 기업의 근본적인 사업경쟁력이나 비즈니스구조 등 펀더멘털에 이상이 없으면서 주가가 내재가치보다 내려가는 경우(가격변동성) 매수하면 되고, 주가가 내재가치보다 상승하는 경우(가격변동성) 매도하면 된다. 또한 펀더멘털에 이상이 발생하여 내재가치가 지속적으로 하락하는 경우(손실위험, 장기보유 대상이 아님) 매도기회가 올 때마다 놓치지 말고 매도하여 더 큰 손실을 막아야 한다.

그 외에도 종목별 가격변동과 손실리스크에 대해서 더욱 명확하고 구체적인 해석, 분석, 응용을 위해서는 '대한민국 주식투자 계량가치투자 포트폴리오', '대한민국 주식투자 재무제표 · 재무비율 · 투자공식' 등을 참조하면 좋을 것이다.

위 세 가지 단계의 가격변동성과 리스크를 알고 현명한 분산투자를 하는 것이 거시경제변화에 대응하여 최고의 포트폴리오 수익률을 내기 위한 원칙이다. 거시경제에 대응하는 효과적이고 폭넓은 포트폴리오 전략은 이후 2장과 3장 전체에 걸쳐서 구체적으로 설명할 것이다.

/2장/
거시경제 대응 포트폴리오 분산전략

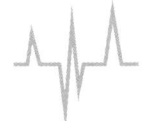

1. 주식과 채권, 거시경제순환과 주식비중

　대한민국의 경제활동인구는 2016년에서 2017년 사이에 정점을 찍고 점차 감소할 것이라고 한다. 또한 잠재성장률과 적정 인플레이션, 평균 기준금리 등이 지속적으로 하락하면서 저성장, 저금리(물론 1인당 **GDP**가 훨씬 높은 선진국들보다는 고성장, 고금리) 시대에 돌입하고 있다.

　이런 상황에서 주식시장, 즉 주식투자의 매력도가(부동산도 마찬가지) 향후에도 높을 수 있을지 수많은 아마추어 재테크족들이 우려하고 의심하고 있다. 이것에 대해서 깔끔하고 명확한 답변을 하자면, 주식투자의 장기수익률 측면에서는 별다른 변화가 생기지 않을 것이다. 최소한 국내의 다른 투자자산들(부동산이나 채권, 예금 등)보다는 여전히 훨씬 높은 장기수익률을 유지할 것이다.

일례로 미국의 경우에도 2006년을 전후하여 경제활동인구가 감소했지만, 리먼 브러더스 사태 이후 주기적인 주가하락을 겪고 다시 전고점 이상으로 상승했으며 기타 독일, 영국 등 주요 선진국의 주식시장도 마찬가지이다. 게다가 대한민국 주식시장의 경우 경제활동인구가 줄어든 후에도 위 선진국들보다는 장기적으로 더 나은 수익률을 보일 것이다.

　(일본의 경우, 1988년 당시 세계 50대 기업 중 거의 40개 기업이 일본기업이었고, 엄청난 인구 차이에도 불구하고 총**GDP** 면에서 미국의 70%에 달했고 소비는 미국을 넘어섰으며, 고흐 등 세계적인 명화들을 일본에서 싹쓸이하는 등 경기과열과 주식시장의 고점이 세계 자본주의 역사상 기록적인 수준이었기 때문에, 다른 선진국들과는 달리 경제활동인구 감소 후에 이전 주식시장의 고점을 오래도록 넘지 못했던 예외적인 사례이다.)

여전히 건재할 주식투자의 장기수익률

　왜 주식시장의 장기수익률은(타 투자자산 대비 상대적 우위) 크게 훼손되기 어려운가 하면, 기업은 현대사회에서 최고의 투자수익률을 내기 위한 조직체이기 때문이다.

　우선 자기자본에 해당하는 주식이라는 형태는 채권의 형태보다 리스크가 더 높기에(기업청산시 후순위) 그만큼 훨씬 더 높은 수익률이 아니면 주식이라는 자산 자체가 존재할 수 없다. (타 투자자산 대비 주식의 기대수익률이 충분하지 못하면, 대량의 공모 자본을 얻지 못하고 산업계의 규모가 축소되어, 양질의 일자리가 줄어들 것이다.) 즉, 직접 사업을 하는 리스크를 감수하지 않는 근로자의 급여증가속도, 사업성과의 호불호에 따라서 급격한 수익률 변화를 감수하지 않는 채권투자자의 이자수익률 등과 비교해서 자본주체(개인, 기관주식투자자와 기업의 오너 등 장기투자자)의 수익률이 조금이라도 더 높아야 하며(그렇지 않으면 기업 형태의 자산이 존재가치가 있겠는가) 또 그럴 수밖에 없는 것이다.

그 뿐 아니라, 기업이란 최선의 경영전략과 체계적인 기업시스템 하에서(상장기업의 시스템 수준은 자영업은 물론, 비상장기업보다 높다.) 다수의 교육받은 인재들이 서로 경쟁과 협력을 통해 최고의 성과를 내는 조직이다. 동기부여 측면에서 공적 기관은 결코 기업을 능가할 수 없고, 경쟁과 협력 및 시너지 측면에서 개인기업 혹은 기업 외의 여타 조직은 기업 내 임직원들을 이기기 어렵다.

부동산, 채권, 예금 등과 비교하여 주식의 장기수익률을 일정 수준 이상으로 높게 유지하게끔 하는 또 하나의 핵심요소는 수출이다. 다양한 업종에 속한 기업들은 수출비중을 늘리거나 해외 자회사를 늘리면서(이때 국내 본사로 배당금을 송금) 점차 내수에만 의존하기보다는 기업의 이익규모를 해외에서도 확대할 수 있기 때문이다.

일정 수준 이상의 내수성장률 역시 거시경제에 필요하지만, 예금이나 부동산과는 달리 기업들은 수익을 창출하는 수요시장을 국내 뿐 아니라 해외로 확대할 수 있기 때문에, 주식시장의 장기수익률은 내수시장의 장기 경제성장률보다 훨씬 높은 수준을 유지할 수 있는 것이다. (이 부분은 수출주도형 경제구조를 지닌 한국이 타 선진국들보다 나을 수 있는 점이기도 하다.)

주식자산을 보완하는 채권자산

주식투자는 선진국에서도 장기적으로 가장 매력적인 투자대상이었고 이머징 국가에서도 그렇고, 역시 우리나라에서도 그렇다. 그런데 주식투자를 하면서 주기적인 가격변동성(하루 이틀 주기의 변동은 무시해라. 최소 반기나 연단위의 가격변동을 말하는 것이다.)을 이겨내고 주식시장 자체의 장기수익률을 훨씬 초과하는 투자수익률을 확실하게 올리려면, 주식 말고도 다른 자산에 함께 관심을 가져야 한다. 포트폴리오의 중심은 주식이어야 하지만 그 외에 꼭 포함되어야 할 대표적인 자산은 바로 채권이다.

그러면 채권이란 무엇인가. 채권은 부채를 빌리는 대신에 발행하는 채무증서이며, 국가와 같은 공공기관은 물론 금융기관과 일반기업도 발행할 수 있다. 채권 중에서도 국고채는 더욱 안전자산으로 분류되고 사채(기업의 채권)는 비교적 위험자산으로 분류된다. 하지만 기업의 채권이라고 해도 일정한 이자를 지급할 것을 약속하며 또 기업청산시 총자산을 구성하는 부채와 자본 중에서 선순위(부채의 일부)이기 때문에, 중기적으로 일정하지 않은 당기순이익이 주주에게 귀속되며, 기업청산시 후순위(자본) 권리를 가지는 해당 기업의 주식보다는 안전하다고 할 수 있다.

채권을 만기까지 보유하면 보유 과정에서 이자수익을 올릴 수 있고, 채권을 발행한 주체가 파산하여 원금마저 지급할 수 없는 극단적인 경우가 아니라면 원금을 돌려받는 구조이다. 다만, 채권이 예금과 다른 점은 만기가 오기 전에 매매할 경우 가격변동이 생긴다는 것이다.

채권만 전문적으로 투자하는 전업 채권투자자나 채권 펀드매니저가 아니라 주식과 함께 분산투자를 목적으로 한다면, 채권가격 변동의 핵심사항만 이해하면 족하다. 예를 들면 은행이자가 2.5% 일 때 발행한 3.0% 이자율의 채권이 있는데, 이후 은행이자가 3.5%로 상승했다면 그 채권의 가격은 어떻게 될까. 현재 은행예금의 이자수익이 이전에 발행한 채권의 이자수익보다 더 높기 때문에, 해당 채권의 가격은 하락할 수밖에 없다. 반대로 은행이자가 하락했다면, 은행이자가 하락하기 전에 고금리로 발행한 채권의 현재 가격은 상승할 수밖에 없다.

즉, 채권자산을 매매할 때의 투자수익률이 가장 좋으려면, 금리가 천정을 치고 내려오기 시작할 때 채권자산을 매수하여, 금리가 바닥 근처로 하락에 하락을 거듭하고 있거나 바닥에 부딪히는 동시에(반등하기 전에) 매도해야 한다. 채권자산이 주식과 함께 포트폴리오에 포함되어야 하는 이유는, 채권자산의 복리수익률이 높기 때문이 아니다. (예금보다는 높을 수 있지만, 주식보다는 낮다.) 금리가 가장 높을 때는 주식자산이 불리하지만 채권자산이 유리하며, 금리가 가장 낮을 때는 주식자산이 유리하지만 채권자산이 불리하기 때문이다. 즉, 금리가 고점에서 일정 수준으로 하락할 때 까지는 미리 채권자산의 비중을 확대한 후 유지하면 좋고, 금리가 상당폭 하락한 이후부터 바닥을 치고 조금씩 상승하는 과정 전체 동안에는 미리 주식자산의 비중을 확대한 후 유지하면 좋기 때문이다.

한편, 주식과 함께 포트폴리오 투자를 하기 위해서는 때때로 채권자산의 가격변동성이 주식자산의 가격변동성과 방향이 다르다는 점이 가장 중요하지만, 채권 자체만의 수익률(이자율)이 중요하지 않은 것은 아니다. 그러므로 액면가(투자원금) 대비 이자율 측면을 한번 살펴보자.

국고채수익률은(이자율) 해당 국가의 경제성장률과(인플레이션 효과와 실질성장률을 합한, 명목성장률) 유사한 수준에서 움직이는 경향이 있으며, 국가를 막론하고 해당 국가 내에서는 가장 안전한 자산으로 인식된다. 사채(기업의 채권)의 경우 국고채수익률이 기반하고 있는 경제성장률에다가 해당 기업의 위험 프리미엄(보통 개별 기업은 소속 국가보다 망할 가능성이 높다.)을 더한 수익률이라고 할 수 있다. 그보다(경제성장률 더하기 개별 기업 위험 프리미엄) 낮은 이자율로 발행하면 수익률보다 리스크가 크기에 채권이 팔리지 않을 것이고, 그보다 높은 이자율로 발행하면 발행 기업이 손해를 보는 셈이다.

경기등락에 따른 주식비중 확대시기

그렇다면 포트폴리오 내 주식자산을 확대해야 하고 축소해야 하는 매수매도 사이클은 어떻게 될까. 여기서 채권을 포함한 기타 투자자산의 비중은 주식비중을 줄일 때 늘리고, 주식비중을 늘릴 때 줄이는 것으로 대략 이해하자. 왜냐하면 '2. 자산배분전략 및 세부 투자자산 구분'에서 채권 이하 기타 세부자산을 운용하는 법을 좀 더 다룰 것이기 때문이다.

포트폴리오 내에서 주식자산의 비중을 확대해야 할 때는 거시경제지표 중 경기, 물가상승률과 금리, 환율 등이 아래와 같을 때이다.

경기등락을 전체적으로 바라보면 이미 경기가 상당히 침체되어 있지만, 실제로 침체일로에 있는 각종 수치보다도 심리적인 불안감과 두려움이 더욱 크고 추가적인 시장급락을 모두 두려워할 때가(모두가 두려워할 때가 바로 역발상 투자기회) 슬슬 투자를 확대해야 하는 시기이다.

물가상승률과 금리 측면에서 보면, 과거의 경기과열과 금리인상에 이어서 이제 경기침체에 본격적으로 접어들고 더불어 디플레이션 상황이 이어지는 가운데, 큰 폭의 기준금리 인하가 발생하면 주식시장에 본격적으로 투자를 시작해야 한다. 이때, 기준금리 인하가 늦어지면 주식시장의 상승전환이 늦추어지기도 하지만 그 대신에 향후 시장상승률 역시 커지게 된다.

그리고 환율 측면에서는 두려움을 떨치고 냉정하게 판단하여, 지금까지 지나치게 오른 원 달러 환율추세가 하락반전할 것에(너무 저평가된 원화와 주식시장이라는 이중적 투자매력으로 외국자본의 매수가 시작) 대비해야 할 때, 주식투자 비중(국내 주식)을 늘려야 한다.

경기등락에 따른 주식비중 축소시기

반면에, 포트폴리오 내에서 주식자산의 비중을 축소해야 할 때는 거시경제지표 중 경기, 물가상승률과 금리, 환율, 후행지표 등이 아래와 같을 때이다.

　경기등락을 전체적으로 바라보면 이미 경기가 상당히 개선되고 호황을 누리고 있지만, 향후 더욱 경기가 좋아지거나 혹은 경기확장기가 오래 지속될 것이라는 등 실제보다 더욱 큰 낙관적 기대심리가 가득하고 주식시장의 추가적인 상승을 기분 좋게 예상할 때가 (모두가 욕심 낼 때가 바로 역발상 투자기회) 바로 주식비중 축소를 통해 수익을 확정하기 위한 다시없는 절호의 기회인 것이다.
　물가상승률과 금리 측면에서 보면 평균 수준보다 높은 인플레이션이 이어지는 가운데, 의미있는 수준으로 기준금리 인상이 이루어질 조짐이 보이면 이제 주식시장에서 발을 빼기(비중을 줄일) 시작해야 한다. 기준금리 인상의 발단이 되는 두 단계의 인플레이션을 살펴보면, 우선 제조업 설비가동률의 상승에(근 3~5년 내 최고치) 힘입어 생산자물가가 상승하고, 뒤를 이어서 근원소비자물가가 상승하게 된다. 특히 근원소비자물가가 평균적인 인플레이션보다(잠재성장률과 유사한 속도) 빠르게 상승할 때를 조심해야 한다.
　이때, 기준금리 인상이 늦어지면 주식시장의 하락전환이 늦추어지기도 하지만 그 대신에 향후 시장이 급격한 속도로 하락하거나 하락장세의 기간이 길어지게 된다.
　그리고 환율 측면에서는 현재 선진국과 주요 이머징 국가에 대한 수출이 매우 양호할지라도, 꽤나 지속된 선진국 경기과열이 조만간에 꺾이고 현재 상당히 낮아진 원 달러 환율이 불시에(외국투자자본의 급격한 유출은 미리 예고하지 않는다.) 상승전환할 것에 대비하여 주식자산의 비중을 점차 줄여나가면 될 것이다.

후행지표에 따른 주식비중 조절

한편, 후행지표를 보고 주식자산의 비중을 확대하거나 축소할 수도 있는데 주로 실업률(및 시설투자 등)이 효과적이다.

현재 심각한 경기침체 속에서 실업률이 후행적으로 빠르게 악화되기 시작하면, 주식자산에 대해서 분할매수를(비중 확대) 시작하는 편이 좋다. 견디다 못한 기업의 해고로 인해 실업률까지 치솟으면 재정정책과 금리정책 등이 멀지 않았기 때문이다. 제조업의 시설투자가 급감하여 얼어붙고 있다는 뉴스가 들려도 마찬가지이다.

반면에 오래 지속되기 어려운 경기과열(참으로 아이러니컬한 것은 대부분의 경제주체가 과열을 과열이라고 받아들이지 않는다는 점이다.) 속에서 인플레이션 방지를 위해 기준금리 인상이 예상되거나 기준금리 인상이 시작되었음에도 불구하고, 실업률이 여전히 낮고 시설투자가 점차 확대되고 있다는 언론기사를 보고 주식투자에 여전히 적극적이면 곤란하다. 왜냐하면 주가가 고점에서 큰 폭으로 먼저 하락하고, 소비와 기업실적이 후행적으로 악화되기 시작하며, 실업률과 시설투자는 그보다 한참 후에야(본격적인 경기침체가 일정기간 이상 지속된 후) 악화되기 때문이다.

경기, 인플레이션과 금리, 환율 등 위 거시경제의 순환에 대응하여 주식자산의 비중을 현명하게 늘리고(기타 투자자산의 비중을 줄이고), 주식자산의 비중을 냉정하게 줄이면(기타 투자자산의 비중을 늘리고) 포트폴리오 수익률의 안정성은 극대화되고, 포트폴리오 수익률의 크기역시 기타 투자자산들의 장기수익률은 물론 주식시장 자체의 장기수익률도(우리나라의 경우 대략 10% 정도) 훨씬 초과하게 된다.

2. 자산배분전략 및 세부 투자자산 구분

앞서 크게 주식과 채권의 분산투자에 대해서 언급했다. 우선 주식과 채권으로 단순하게 나누고 거시경제의 순환에 따라서 주식비중을 늘려야 할 때와 줄여야 할 때를 정리했다. 이제 기본적인 자산배분전략을 정리하고 주식 외에도 포트폴리오에 포함해야 하는 세부 투자자산들을 한 번 살펴보자.

자산배분전략의 목표는 포트폴리오의 수익률 극대화와 함께 변동성을 축소하는 것이다. 또한 자산배분전략의 정석은 무위험자산과 위험자산을 적절히 배분하는 것으로부터 시작한다. 다만 기업의 비즈니스와 업종, 재무제표를 검토하는 가치투자자들에게 있어서, 위험자산의 의미는 가격변동성이 큰 자산으로 이해하는 것이 옳다. (잘 알고 하는 주식투자는 손실위험이 거의 없다. 오직 심한 가격의 출렁거림이 있을 뿐이다.)

다시 강조한다. 아무 것도 확실히 갖추어진 지식 없이 남을 따라 하기만 하는 대중적 투기자의 경우에는 주식투자는 위험하다. 하지만 금융투자기관 임직원이건(실상 이들 중에도 소수만이 전문가일뿐 대부분이 비전문가이다.) 비금융기관 임직원이건 자영업자이건 주부이건 은퇴노인이건 대학생이건 간에 상관없이, 공부하는 투자자와 가치투자자에게 주식의 가격변동성은(기업 펀더멘털 악화로 인한 손실이 아닌 단기 주가변동) 수익률을 높여주는 현상, 기회일 뿐이다. 이들에게 있어서 사실상 예금은 장기적으로 인플레이션을 이겨낼 수 없는 무한히 위험한 자산이며, 주식이야말로 장기적으로 인플레이션을 넘어서는 연복리수익률을 제공하는 지극히 안전한(위험하지 않은) 자산이다.

워렌 버핏 역시 변동성이 낮고 연복리수익률이 낮은 종목보다는 변동성이 크더라도 연복리수익률이 높은 종목이 최우선 투자대상이라고 했다. (물론 큰 변동성을 이용해서 주가가 저평가되었을 때 매수해야 하는 것이 중요한 과제이다.)

본론으로 돌아와서 일반적으로 무위험자산이란 단지 가격변동성이 없거나 적은 예금과 채권을(주식에 비해 상대적으로) 말한다. 또한 위험자산이란 가격변동성이 심한 주식을 말한다. 투자할 만한 채권자산에는 국내 채권형 펀드나 개별 기업의 채권, 해외 채권형 펀드 등이 있으며, 주식에는 국내 주식(국내 투자에는 굳이 펀드를 들지 말고 공부를 통해 무조건 직접 가치투자를 하라.)과 해외 펀드 및 해외 주식 등이 있다. 기타 주기적으로 비중을 조절하기에 적당한 금융자산으로는 금이라든지 외환도 있으나, 금이라는 실물자산의 안정성과 외환이라는 가격변동성의 이점(국내 주식과 반대방향)에도 불구하고 두 자산의 연복리수익률은 국내외 주식 및 채권에 비해서 지극히 떨어지기 때문에 본서에서 굳이 다루지는 않는다.

자산배분, 무위험자산과 위험자산비중

자산배분전략과 전술 차원에서 무위험자산과 위험자산의 비중은 어느 정도가 적당할까. 정답은 없지만 가이드라인은 있다.

우선 투자의 목표가 수익률을 높이면서도 리스크는 낮추는 것이라는 점을 생각해보면, 위험자산의 비중이 높을수록(이를테면 100%) 장기수익률이 압도적으로 높아지며, 무위험자산의 비중이 높을수록(마찬가지로 100%) 위험자산에 비해서 장기수익률이 형편없어지게 된다.

'투자의 네 기둥'을 저술한 윌리엄 번스타인에 따르면, 1901년부터 2000년까지(미국 기준) 투자성과를 분석한 결과, 주식비중이 100%일 때 연평균수익률이 9.89%, 주식비중이 80%이고(이하 주식비중 생략) 채권비중이(5년 만기) 20%일 때 8.99%, 채권비중이 40%일 때 7.93%, 채권비중이 100%일 때 3.86% 등으로 산출되었다.

위 수치를 보면 성미가 급한 독자께서는 주식비중 100%가 정답이라고 말할지 모르겠다. 하지만, 위 수치는 주식과 채권의 비중을 주기적으로 조정하지(주식 고평가시 채권비중 확대, 주식 저평가시 주식비중 확대 등) 않은 결과이다. 거시경제의 미래나 주식시장의 미래를 예측한다는 거짓말과 도박 따위를 믿지 않는다고 하더라도, 주식자산의 성과가 평균적인 연복리수익률(한국 증시의 경우 10% 전후)을 크게 초과하여 몇 년 연속 상승하게 되면 이후 하락하게 마련이고, 반대로 평균적인 연복리수익률을 깎아내릴 정도로 최근 1~2년간 심하게 하락했다면 이후 자연스럽고도 당연하게 상승하게 되는 것이다. 즉, 예측이 아니라 대응의 형태로 주식과 채권의 비중을 조절하여, 주식자산에만 투자하는 전략보다도 훨씬 초과수익률을 올릴 수 있기 때문에 자산배분은 역시 필요한 것이다.

그렇다면 몇 퍼센트로 주식을 가져가고 채권을 포함한 기타 무위험자산을 나머지 비중으로 가져갈 것인가. 투자자의 투자성향과 실력의 정도에 따라서 다르기 때문에 정답은 없지만 가이드라인은 있다고 했다. 아래 가이드라인을 참조하여 자신의 포트폴리오에서 주식 대 채권 등 기타자산의 비중을 결정하면 좋을 것이다.

(아래 내용은 '대한민국 주식투자 계량가치투자 포트폴리오' 내용 중 일부를 참조한 것이다. 거시경제 전략에 더하여, 가치지표와 재무비율, 업종과 종목 수 등 계량적으로 효과적인 포트폴리오를 통해 더 높은 수익률과 안정성을 확보하려면, 해당 서적의 내용을 익힐 것을 권한다.)

매우 보수적으로 투자자본을 운용하면서 인덱스(시장평균)보다는 비교적 큰 수익률을 올리겠지만(중장기적으로 연평균 15%에서 25% 사이) 적극적인 운용에 비해서는 상대적으로 적은 수익률에도 만족하는 투자주체의 경우, 전체 자산 중 국내주식자산의 기본 비중을 대략 60%~70% 정도로 가져간다. 보수적 가치투자자는 거시경제적인 역발상 투자타이밍에 따라서 국내주식자산의 비중조절(늘리거나 줄이는) 폭을 10%에서 15% 정도로 운용할 수 있다.

적극적 가치투자자는 전체 자산 중 국내주식자산의 기본 비중을 80%에서 90%에 이르기까지 가져간다. 주식이라는 자산은 손실위험의 크기를 고려한 장기수익률이 여타 자산보다 압도적으로 높기 때문에, 정확한 기업분석과 가치평가능력만 있다면, 비중을 높게 가져가는 것이 결코 위험하지 않다. 적극적 가치투자자는 국내주식자산의 비중조절 폭을 보수적 가치투자자에 비해서 훨씬 융통성 있게(그 상황에 맞게 가장 적극적으로) 가져간다.

평균적 가치투자자는 전체 자산 중 국내주식자산의 기본 비중을 70%~80% 정도로 가져간다. 또한 거시경제적인 역발상 투자타이밍에 따라서, 국내주식자산의 비중을 20% 정도 가감할 수 있다. 즉, 70%~80%의 기본비중에 20% 정도를 더하거나, 20% 정도를 줄일 수 있다.

주식 외 기타 투자자산

보수적, 적극적, 평균적인 가치투자자의(프로토콜, 전형적인 타입으로 개인적 변용, 활용이 필요) 주식비중 조절을 위와 같이 할 수 있다면 주식 외 비중을 차지하는 기타 자산으로 어떤 자산들을 가져갈 수 있을까.

본래 학문적인 포트폴리오 운용 원칙에 따르면, 가격변동성이 낮은 무위험자산에 주식 외 비중을 할애해야 하며, 이런 자산으로 국내외 채권자산, 외환 등이 있다. 하지만 실제 투자로 지속적인 수익을 내는 투자대가들, 검증된 성과로 보여주는 글로벌 가치투자 펀드, 또한 필자의 투자이론과 지속적인 투자성과를 참고하면, 비록 특정 투자자산의 가격변동성은 상당할지라도 국내 주식자산과 가격변동성의 방향이 같지 않을 경우 포트폴리오 전체 차원에서 안정성을 높여주므로, 해당 투자자산을 위험자산이라고 하기 어렵다.

예를 들면, 가격변동성이 높은 선진국 주식시장(혹은 펀드나 개별 종목들)과 가격변동성이 더 높은 이머징 국가 주식시장은 각각 개별적으로는 위험자산이지만, 두 투자자산을 결합한 후 주기적으로 비중을 조절한다면(최소한 균등한 비중을 유지하거나, 보다 적극적이고 역발상적으로 비중을 조절) 투자과정이나 투자성과 등 어느 쪽으로도 순수한 위험자산이라고 보기 어렵다.

그러므로 좁은 의미에서 국내주식 외 기타 자산을 꼽자면 국내외 채권을 주로 생각할 수 있지만, 넓은 의미에서는 국내외 채권은 물론 해외주식 역시 (국내주식 외 기타 자산에) 포함할 수 있는 것이다. 포트폴리오의 안정성을 올려주는 것은 결코 개별 투자자산의 낮은 수익률이(낮은 수익률의 자산들을 일부러 섞을 필요는 없다.) 아니다. 포트폴리오 안정성의 핵심은 바로 가격변동방향의 다양성이다. 장기수익률이 충분히 높거나 최소한 투자자의 기준을 충족시키는 투자자산들 중에서, 장기수익률이 높을 뿐 아니라 효과적으로 직접 수익률을 낼 수 있는 자산을(정보수집, 대응 면에서 자국의 주식이 제일 좋다.) 핵심 투자자산으로 삼고, 핵심 투자자산과 가격변동의 방향이 다르고 심지어는 가격변동성의 정도도 다른 투자자산들을 그 외 포트폴리오 비중으로 포함하는 것이, 안정적이면서도 수익률이 높은 분산투자전략이다.

특히, 평균회귀의 법칙(특정 자산의 중단기 수익률은 결국 해당 자산의 장기 평균수익률에 수렴)에 따라서 한국 주식시장, 미국 주식시장, 중국 주식시장, 중동과 러시아의 주식시장, 동유럽 주식시장 등 국가별 주식시장의 매년 수익률은 들쑥날쑥하다. 미국 주식시장이 몇 년간 죽쑤는 실적을 내었다면 자연스럽게 이후 몇 년 간은 평균을 초과하는 수익률을 낼 것이다. 또한, 한국 주식시장이 일정 기간 평균수준(한국의 경우 약 10% 정도)에서 멀리 떨어져서 약세장(혹은 강세장)을 겪었다면 향후 몇 년간은 반대로 강세장(혹은 약세장)이 도래할 것이다.

즉, 어느 해에는 미국 주식시장이, 다음 해에는 중국 주식시장이, 또 다음 해에는 러시아의 주식시장이 가장 좋은 성과를 보일 수가 있기 때문에, 결국 해외 주식시장에 일정 수준으로 분산투자를 하는 것은, 자국의 주식시장에만 투자하는 것보다 주기적으로 초과수익률이 좋을 수밖에 없다. 다만, 여기서도 올라가는 주식시장에 뒤늦게 올라타는 방식으로는 손실만 가중된다. 최근 3~5년 기준으로 저점 내지는 상당히 낮은 구간에 있는 국가의 주식시장일수록 향후 상승전환 확률이 매우 높다. 이런 나라들에 대해 분산투자할 경우 효과가 더욱 크다.

또한 해외주식이나 해외채권의 경우 국내주식시장이 급격히 하락할 때 동반하는 환율상승 효과를 입는다. 원 달러 환율이 상승하면 달러 베이스 자산의 가격이 상승하고, 원 위안화 환율이 상승하면 위안화 베이스 자산의 가격이 상승하므로, 특히 국내주식시장이 고점에서 갑자기 하락할 때 주식시장의 방향성이(국내주식시장과는) 다른 해외주식자산에 일부 분산투자를 했다면 수익률이 배가될 수 있다. (그래서 가격변동의 방향이 다르거나 심지어는 주기적으로 반대로 움직이는 자산들을 포트폴리오 내에 편입하게 되면, 주기적으로 초과수익기회가 발생하여 포트폴리오 전체의 수익률을 높이 끌어올리면서도, 포트폴리오 전체의 수익률 변동성은 오히려 축소되는 것이다.)

그러므로 국내주식자산을 핵심 투자자산으로 삼되, 금리변동에 따른 가격변동의 방향이 국내주식과 다른 국내채권자산은 물론, 환율변동에 따른 가격변동의 방향이 국내주식과 다른 해외주식자산, 기타 금리와 환율변화 모든 면에서 다른 가격변동성을 보이는 해외채권자산 등 다양한 기타 자산을 포트폴리오에 편입하는 편이 좋다. 그러한 현명한 분산투자를 통해서 보다 안정적인 운용시스템을 확보하는 것은 물론이고 지속적으로 초과수익률을 낼 수 있을 것이다.

우선 향후 상승장이(얼음 속 봄) 기대될 때는, 글로벌 경기침체에 대응한 금리인하와 그에 이은 소비진작으로 점차 글로벌 경기가 개선될 때(이때 원 달러 환율은 점진적으로 하락) 수익률이 가속적으로 상승할 국내주식 및 기타 이머징 국가의 주식자산(국내주식시장보다 가파른 상승률이 가능) 등으로 주로 수익을 낸다.

이후 하락장에서는(풍요 뒤의 겨울) 세계 곳곳에서 경기과열과 인플레이션이 발생하고 심화되는 과정에서 금리가 상당폭 오른 후, 선진국 채권자산(예를 들면, 미국채권자산 등) 등 향후 환율상승과 금리하락에 대비하는 투자자산의 비중을 늘려서, 글로벌 경기가 둔화 및 침체되는 과정에서도 수익을 낼 수 있다.

주식자산 내 세부 구분

한 단계 더 나아가서 주식자산 중에서는 가격변동성과 장기수익률 측면에서 세부적으로 아래와 같이 구분하고 분산투자할 수 있다.

아주 장기에 걸쳐 역사적으로 대형주는 가격변동성이 비교적 적고 장기수익률이 높지 않지만, 소형주는 가격변동성이 매우 큰 대신에 장기수익률이 매우 높다.

평균 이상의 이익성장률을 보이는 성장주는 가격변동성이 크지만(주기적인 큰 기대감과 실망감) 장기수익률이 매우 높고, 평균 이하의 이익성장률을 보이는 절대저평가 가치주는 가격변동성이 비교적 작지만 장기수익률은 그렇게 높지 않다. (수익성장률이 비교적 높지만 주가는 저평가된 우량주들은, 흔하게 보이는 사례는 아니지만 추가적인 주가하락에도 아무런 문제가 없고 장기수익률도 매우 뛰어나다.)

경기변동형 기업은 가격변동성이 크고 경기방어형 기업은 가격변동성이 작으며, 서로 가격변동의 방향이 다른 경우도 많다. (여기서 더 구체적으로 나누면 업종별 수준으로 들어갈 수 있으며, 다음 장에서 구체적으로 정리한다.)

/3장/
거시경제순환과 업종 부문별 주식투자

1. 경기단계별 업종순환 개괄

이제 주식자산의 부문 중에서 가장 미묘한 부분 중 하나인 업종별 주가순환, 즉 경기등락이 진행되는 시기 별로 상대적으로 투자에 유리한 업종들에 대해 알아보자. 기 출간된 거시경제 관련 서적들 중에도 경기단계별 주식시장의 업종순환에 대해서 정리한 적은 몇 번 있었다. 다만 번역서 중에서 미국 주식시장의 내용을 그대로 옮겨온 내용, 과거 일본 주식시장이 장기호황 및 버블에 이르기까지의 추세를 정리한 것을 그대로 옮겨온 내용, 국내 저작물 중에서 단순히 과거 십여 년의 한국 주식시장 업종별 흐름을 참조하여 정리한 내용 등이 좀 부족하게 다가왔다. (필자가 부회장을 맡고 있는 가치투자자협회 정회원인 홍춘욱 박사 저 '돈을 굴려봅시다'의 경우 타 서적보다 업종순환의 내용이 깔끔하고 분석적이다.)

이에 고도성장기에 있는 국가의 주식시장에만 적용되거나, 내수소비시장 위주의 경제를 지닌 국가의 주식시장에만 적용되는 내용이 아닌, 향후 대한민국의 중장기 주식시장에 알맞은(물론 과거의 히스토리에도 부합하고) 업종순환의 순서를 정리할 필요가 있다. 다만, 필자가 개인투자자들과 애널리스트 등 다양한 수강생들에게 강의할 때 충분히 강조하지만, 주식시장의 사계절이라든지 시기 별로 유망한 업종이라든지 하는 주제는 본래 완벽하게 정형화되기 어려운 부분을 경험적으로 패턴화한 것에 불과하다. 물론 이때 경험적 패턴화라고 하는 것은 수없이 반복되어 온 것을 그대로 향후의 추정에 사용하는 단순한 것은 아니다. 과거 발생한 상황들을 인과관계에 맞게 분석하고 해석함으로써, 향후에도 같은 인과관계가 존재하는 한 크게 다르지 않은 상황들이 발생할 것이라고 추정하는 것으로 상당한 신뢰성이 있다. 다만 그 신뢰성의 정도가 '특정 종목의 가치평가 결과 적정 시가총액이 얼마에서 얼마 사이이다'라고 결론내릴 때만큼 수치적으로 정교하거나 확률적으로 확신할 수는 없다는 이야기이다.

주식시장이 너무 뜨거운 여름을 거치면서 폭등한 사이클 다음에는 평소보다 추운 겨울이 닥치지만, 주식시장의 여름이 미지근했던 사이클 다음에는 가을만 닥치고 겨울이 생략될 수도 있다. 마찬가지로 금융업과 재정투자 관련업종 다음에 내구소비재와 소재업종 등의 주가가 상승하는 것이 일반적이나, 우리나라 말고도 글로벌 거시경제 상황에 따라서 자본재와 에너지 업종이 생각보다 일찍 상승할 수도 있다. 또한 초장기적인 측면에서 구조조정기에 들어간(이전 호황기의 결과로) 업종의 경우 작은 주식시장 상승하락사이클이 한 번 지나가는 동안 상승다운 상승기가 거의 없을 수도 있다.

그러나 항상 일정 범위의 기준은 중요하고, 참조할 수 있는 균형 잡힌 시각은 투자의사결정에 도움을 주기 때문에, 가능한 한 실제 업종별 경기등락의 순서와도 맞고 그에 선행하는 실제 주식시장의 업종별 순환 히스토리와도 잘 부합할 수 있는 업종의 주가순환을 아래에 정리한다.

업종들의 주가순환 순서

주식시장 자체의 상승이 시작되는 것은 경기침체가 극심한 가운데 실업률이 본격적으로 상승하고 있는 등(아직 실업률 고점은 아니지만) 정부가 나서지 않을 수 없는 상태에서, 대략 정부의 재정확대 혹은 한국은행의 인상적인 금리인하가 시작될 즈음이다.

이 시기에 가장 먼저 상승을 하는 업종은 재정확대와 금리인하를 기대하거나 혹은 반기면서 상승하는 은행, 증권 등 금융업종과 토목 및 건설주(특히 재정사업 관련) 등이다. 금리가 하락하면 대출수요가 회복되고 은행의 자산건전성이(특히 은행이 보유한 자산이 금리에 민감할 경우) 높아지면서 은행의 수익이 늘 것을 기대하기 때문에 은행주가 나쁘지 않다. 또한 낮은 금리로 인해 향후 주식시장에 자금이 유입되고 주식시장이 최저점을 벗어나고 반등하면서 거래가 활성화될 것을 기대하기 때문에 증권주도 은행주와 함께 좋은 성과를 보인다.

금리인하로 인해 금융주가 주가상승을 선도하고 정부의 재정확대로 인해 확대된 부문의 토목 및 건설주가 함께 상승하면서, 실제 소비확대가 오기 전에 선행적으로 내구소비재의 주가가 상승한다. 가전, 가구, 자동차, 전자제품 등 내구재 업종의 주가가 살아난 후 후행적으로 실제 소비도 증가하기 시작한다. (이전 불황 동안 억제했던 소비이다.)

소비지출과 기업실적이 실제로 개선되기 시작하면서 주식시장은 본격적인 2차 상승국면에 이른다. 이때에는 내구소비재업종 뿐 아니라, 소재업종과 자본재업종이 차례로 주가가 상승하고 또 실적이 후행적으로 개선된다. 내구소비재업종 뿐 아니라 소재업종 역시 전형적인 경기변동주인데, 소재업종의(철강, 화학, 제지 등) 경우는 특히 장치산업의 성격이 크다. 그러므로 주가변동의 폭이 특히 큰 편으로 내구소비재의 뒤를 잇거나 거의 동시에 빠르게 주가가 상승한 편이었다.

소재업종보다는 조금 시기적으로 처지지만 경기가 완연하게 호전되면서 소비지출 증가의 압력으로 기업들의 설비투자 확대가 필요한 시점이 된다. 설비투자를 기대하면서 주가가 오르는 업종들이 기계, 중장비, 플랜트 관련 업종 등 자본재업종에 해당한다. 이때까지는 경기회복의 속도가 가속도를 내면서 호전되기 때문에, 정부의 재정정책이 점차 축소되고 금리를 조금 올린다고 할지라도 그 속도보다 경기개선 속도가 빠른 관계로 주식시장은 지속적으로 상승한다.

이후 주식시장이 언제 천정을 치고 하락할지 모르는(물론 소비와 실적 등 경기는 매우 좋지만) 높은 인플레이션 상황에서 원자재와 에너지 업종 등이 마지막으로 크게 주가가 상승한다. 그리고 인플레이션을 우려한 중앙은행(한국은행)의 적지 않은 기준금리 인상이 임박했다는 징조가 오거나 실제로 유의미한 수준의 금리인상을 단행할 경우, 주식시장은 드디어 본격적인 하락을 시작한다. 물론 이때도 경기 자체는 과열될 정도로 매우 좋지만, 소비와 기업실적 등 여러 측면에서 증가율 자체는 이미 둔화된 상태이다. (이 시기에는 유망한 업종이 있을 리 없다. 상대적으로 덜 하락하는 업종들이 바로 경기방어주들이며 식품, 음료, 제약업종 등이 이에 속한다.)

2. 세부업종별 거시경제 판단툴

경기순환의 단계마다 업황상 투자하기에 유리한 업종들을 크게 금융, 내구소비재, 소재, 자본재, 에너지 등의 단위로 살펴보았다. 이제 경기순환 단계 내에서 혹은 경기순환과는 별도로, 더욱 구체적인 거시경제적 이슈나 변화에 따라서 어떤 세부업종의 실적이 향후 개선될지(또한 그에 선행하여 어떤 세부업종의 주가가 상승할지) 판단하는 두 단계의 툴을 정리한다. 예를 들면, 기준금리가 한 단계 더 하락했을 때, 정부가 재정을 더욱 확대했을 때, 혹은 주요 글로벌 소비대국의 경기가 살아났을 때, 독자께서 관심을 갖고 있는 다양한 세부업종들에 어떤 일이 일어날 것인지 예상하는 판단 툴 정도로 생각하면 된다.

매출액 관점으로 판단하는 세부업종 실적

두 단계의 툴은 매출액 관점의 판단 툴과 비용 관점의 판단 툴이다. 매출액의 경우 주로 수요시장을 기준으로 생각하고, 비용의 경우 부가가치 창출의 주요 수단을 기준으로 생각한다.

우선, 구체적인 거시경제적 변화를 매출액 관점으로 판단하는 툴부터 설명하면, 관심업종이나 기업이 수출주도인지 내수주도인지, 그리고 소비자, 기업, 정부 중 주된 수요주체가 누구인지를 알고 판단하는 것이다.

즉, 글로벌 차원 소비대국들의 경기가 살아나면 수출주도 업종과 기업들의 주가가 상승하고(실적개선을 예측, 기대하고) 그에 이어 실적이 개선될 것이다. 혹은 내수소비자를 주 고객으로 하는 업종이나 기업의 경우 국내의 기준금리 인하와 높지 않은 물가의 결합이 주가와 실적상승을 부르게 된다. 기업을 주 고객으로 하는(B2B) 기업의 경우 제조업의 설비가동률, 유형자산을 포함한 각종 비즈니스 인프라 확충 등이 활발할수록 주가와 실적이 오를 것이다. 한편 정부의 토목, 건설 프로젝트나 방위산업 등에 실적이 달린 업종의 경우, 정부지출의 부문별 자금배분 결과에 따라서 주가가 오르내리고 이후 실적증감이 뒤따른다.

비용 관점으로 판단하는 세부업종 실적

다음으로 구체적인 거시경제적 변화를 비용 관점으로 판단하는 툴을 설명하면 제품, 상품 및 서비스의 부가가치 창출을 어떻게 하는지를 기준으로 판단하는 것이다.

예를 들면, 부가가치 창출 과정에서 인건비가 가장 많이 드는 업종이나 기업의 경우, 최근 4~5년 이래 실업률이 가장 낮거나(이후 임금인상 가능성이 큼) 실제로 임금 인플레이션이 발생하거나 하면 비용부담으로 주가가 먼저 하락하고 이어서 실적이 감소한다. 주로 장치산업들, 즉 꾸준히 많은 자본적 지출을(각종 유형자산을 위한 필요자본은 일부 부채의 형태로 조달) 통해 부가가치를 창출하는 업종들의 경우, 기준금리 인상이 임박해 있다는 뉴스나 실제로 기준금리를 올렸다는 뉴스에 주가가 먼저 급락하고 이후 실적이 감소한다. 또한 에너지,

농산물, 금속/광물 등 다양한 원자재비용 비중이 큰 업종의 경우, **OPEC**에 대한 주요 뉴스 및 국제석유가격 변동, 글로벌 차원의 기후 변화와 농산물, 각종 광산투자 프로젝트 등의 이슈와 뉴스에 따라서 주가가 변동하고 뒤이어 실적이 변동한다.

전체적으로 경기는 침체되었지만 주식시장이 나홀로 상승하는 초기 상승단계이냐, 경기개선과 더불어 주식시장이 함께 상승을 이어가는 실적장세 국면이냐, 경기호황에도 불구하고 인플레이션과 높은 금리로 인해 주식시장부터 나홀로 하락하는 초기 하락단계이냐 등에 따라서, 유망한 업종군들과 불리한 업종군들을 구분할 수도 있다. (이에 대해서는 앞서 정리했다.) 하지만 현재 경기와 주식시장이 특정한 단계에 있다고 할지라도, 보다 좁은 거시경제적 뉴스와 정책들에 민감하게 반응하는 세부업종들을 파악할 필요가 있다.

그러므로 관심업종과 기업들이 매출을 수출 위주로 올리는지, 아니면 국내 소비자, 기업, 정부 중 어느 쪽 수요가 주력시장인지 등에 따라서 뉴스와 정책이 가지는 효과를 현명하게 앞서 판단할 수가 있다. 또한 관심업종과 기업들이 인건비 위주의 비용지출을 통해 부가가치를 창출하는지, 이자비용이 많이 필요한 대규모 설비와 장치를 통해 부가가치를 창출하는지, 혹은 원자재와 에너지 등 국제적인 수요공급 및 투기 여부에 따라서 가격변동이 심한 비용지출을 통해 부가가치를 창출하는지 등에 따라 구분할 수도 있다.

예컨대, 건설업종의 경우 정부재정확대와 금리인하 징조 및 뉴스가, 화학업종의 경우 제조업 설비가동률 개선과 안정적인 유가의 흐름, 수출주도 가전업종의 경우 이머징 국가 중산층의 장기적인 소비력 증가와 선진국의 중기적인 경기회복 등이 해당 업종의 주가 상승과 그에 뒤이은 실적개선에 중요한 요소라고 할 수 있다.

3. 업종의 구조적 환경 시나리오

우선 크게 주식시장과 경기등락 국면 별로 어떤 업종군들이 투자에 유리한지, 다음으로 거시경제적 이슈와 변화가 발생할 때마다 세부업종 별로 유리할지 불리할지 등을 판단하는 툴을 앞서 정리했다.

위와 같은 툴들은 일정한 인과관계에 따라 판단하는 프레임이기에, 매우 장기적으로 사업환경이 크게 변하지 않는 한 효용이 지속적이다.

다만 사업환경이 장기적으로 크게 변하는 경우에는 그 변화가 기존의 산업들에 미칠 영향을 재검토해야 할 경우가 생긴다. (필자가 모든 저술에서 말하는 '장기'는 대개 10년 단위 이상을 의미하는데, 이 경우에는 수십 년 단위를 말한다.)

관심업종의 구조적 환경에 대해서 중기적인 미래 시나리오를 추정하는 툴은 어렵지 않다. 이 경우 포터 교수의 경쟁론에서 구체화된 산업분석 프레임으로 향후 3~5년 후를 추정하면 된다. 고객, 경쟁자, 신규진입자, 공급자, 대체재 등이 기본적인 분석프레임인데 (심층적인 설명과 해설을 위해서는 '대한민국 주식투자 산업업종분석'의 1부 2장. 산업구조 분석 핵심 참조) 기본요령은 별로 어렵지 않다.

고객의 크기는 지속적으로 성장하는지, 고객의 수와 영향력이 나뉘거나 통합되는지(고객의 수가 나뉘는 쪽이 기업에 유리), 그리고 고객의 발전단계가 매우 성숙화단계에 들어서면서 산업과 기업이 마진을 유지하기 어려울 정도로 까다로워지지는 않는지 등을 검토한다.

경쟁자의 수가 증가하거나 감소하는 추세에 있는지(당연히 감소하는 편이 유리), 업종 내에서 경쟁자와 과점적 구조를 이루고 있는지 아직 경쟁강도가 센 편인지도 중요한 요인이다.

또한 신규진입자가 들어서기 어려운 조건(장벽, 규제 등)을 갖추고 있는지, 향후 위협적인 대체제가(수요자, 기술, 제도 등의 변화로 말미암아) 발생할 수 있는지 등도 검토한다. 마지막으로 공급자의 수가 증가하여 점차 다루기 쉬워지는지, 혹은 그 수가 감소하고 과점적 형태를 갖추어서 부품이나 소재 매입 단계에서 불리해지는 추세인지까지 검토하면, 기본적인 산업의 미래 수익성을 좌우하는 다섯 가지 요인은 검토한 것이다.

여기서 말하고자 하는 것은 위의 정형화된 산업분석틀이 아니다. 수십 년에 걸쳐서, 산업에 따라서 다소 짧더라도 십 수 년에 걸쳐서 발생하는 근본적인 산업의 운명이나 변화에 대한 것이다. 국가 등 하나의 큰 경제체제에 속한 산업들은 경기등락에 따라서 주기적으로 호불황을 겪기도 하지만, 보다 장기 및 초장기적으로는 산업 자체가 불가역적인(주기적 변동이 아니라) 흥망성쇠를 겪기도 한다. 기술 변화에 따른 타자기 산업의 쇠퇴, 경제성장과 인건비 상승에 따른 선진국의 단순 섬유제조업 쇠퇴 등은 산업 내 혁신적인 노력이나 전략의 대대적인 변화(제품 포지셔닝, 마케팅, 아웃소싱 전략 등)가 예외적으로 효과를 발휘하는 경우를 제외하면, 대체로 불가역적인 경우가 많다.

자신이 장기적으로 전망이 좋다고 판단한 업종, 그리고 주기적인 매수매도를 통해 비중을 축소·확대해온 주력투자업종 등에 있어서, 보다 장기적인 환경변화요인을 기준으로 미래 시나리오를 그려볼 필요가 있다. 이런 수준의 업종 미래 시나리오는 자주 그려볼 필요는 없겠지만, 3~5년에 걸친 경기사이클이 지날 때마다(혹은 격년으로) 한 번씩 해볼 가치는 있다.

매우 장기적인 업종의 환경변화 및 투자매력도는 대략, 인구 구조와 라이프스타일, 사회문화적 가치, 기술변화 등의 영향을 받는다. 물론 이 외에도 정부규제, 글로벌 교역규모 확대 및 축소 등 다양한 개별적 이슈를 검토할 수 있다. 하지만 검토할 이슈를 어떻게 설정하는가의 문제일 뿐, 장기적인 추세를 살펴보고 추정하는 방법론으로써 별다른 차이가 없기 때문에, 본서에서는 위에서 꼽은 대표적인 것만 살펴본다.

인구 구조 및 라이프스타일 변화의 영향

인구 구조 측면에서 한 국가의 환경이 크게 변할 경우, 특정 인구집단이 주로 소비하는 제품과 서비스를 생산하고 제공하는 업종들이 흥망성쇠를 겪게 된다. 대개 인구구조 변화는 교육 수준, 경제적 수준 등과 더불어 매우 장기적으로 변하기 때문에, 인구구조 변화는 라이프스타일 변화와 함께 일어난다. 그러므로 라이프스타일 변화에 따라 보다 수요가 커지는 업종들과 수요가 정체되거나 심지어는 축소되는 업종들도 생겨나게 된다.

예를 들면, 사회 전체의 부가 증가하면서 경제활동인구가 한창 증가할 때에는 자동차, 가전, 주택 등의 수요가 폭발적으로 증가하고 부의 절대량은 크게 늘어났지만, 그 성장률이 낮아지고 경제활동인구가 정체 내지는 감소하기 시작할 때에는 제품과 서비스 모두 일부 프리미엄 시장과 대중적인 이코노미 시장으로 세분화되게 된다.

사회문화적 가치 변화의 영향

사회문화적인 가치의 변화는 세부적인 측면에서는 국가마다 다를 수 있지만 아주 큰 골자에서는 전 세계의 국가들이 별로 다르지 않다. 그 속도와 정도가 서로 다르기는 하지만, 대부분의 국가들은 차례차례 여성의 인권이 높아지고, 교육수준과 노동의 형태가 진보하며, 위생과 안전, 건강 등의 가치가 높아지게 된다. 여성의 경제활동과 더불어 화장품, 의류패션 산업의 위상이 커지고, 식품을 포함한 모든 종류의 최종 완제품에 있어서 위생과 안전이 강조된다. 건강이 중요해지면서 제약, 의료산업은 물론 생활스포츠 산업까지 성장하게 된다.

기술 진보의 영향

기술의 진보는 위에 언급된 인구구조, 라이프스타일, 사회문화적 가치 변화는 물론 기타 다양한(정부규제, 글로벌 무역 추세 등) 요소들에게 영향을 줄 수 있다. 기술의 진보는 라이프스타일을 바꾸고 가치의 변화를 불러일으킬 수 있고, 기술과 기술이 충돌하는 국면에서 정부의 다양한 지원과 규제를 받을 수도 있다.

　인터넷과 온라인 기반의 기술발전은 유형자산에 기반한 오프라인 매장의 영향력을 줄였으며, 능력 있고 자유로운 수많은 미니 강소기업들이 태어나는 기반이 되었고, 제조 및 유통은 물론 연구개발의 과정까지 혁신적으로 바꾸어나가고 있다. 자동차, 모바일 **PC**, 가전 등 다양한 부품을 사용하는 제품들의 부품구성은 끊임없이 바뀌고 있으며, 심지어는 공정과정 자체도 변하고 있다. 온라인 결제와 다양한 종류의 전자화폐는 소비의 형태와 판도를 바꾸고 있다.

　위와 같이 장기 혹은 초장기적인 측면에서, 특정 업종의 수요시장(내수일 경우 국내, 수출일 경우 해당 국가)이 인구구조나 라이프스타일 면에서 어떻게 변하고 있는지 관찰하고, 사회문화적 가치변화에 해당 업종이 수혜를 입고 있는지 혹은 가치변화로 인해 축소가 되고 있는지를 검토하며, 기술 변화가 해당 업종에 유리하거나 불리하게 작용하는지 그리고 해당 업종이 기술 변화에 적응할 수 있을지 도태될지 등을 꼼꼼하게 그려볼 필요가 있다.

　거시경제적으로 현명하게 투자하는 가치투자자의 경우, 모두가 두려워할 때 향후 커다란 수익을 기대하며 주식의 비중을 서서히 늘린 후부터, 모두가 지난 성과에 안주하고 더욱 욕심을 부릴 때 향후 하락이 실제로 닥쳐오기 전에 미리 주식의 비중을 줄일 때까지의 기간을 대략 2~3년 정도로 볼 수 있다. (가장 짧은 경기주기인 재고순환주기에 선행하는 주식시장 순환주기의 반 이상)

　그러나 주식시장의 등락주기가 서너 번만 지나면 벌써 십 수 년이 지난다. 즉, 지금까지 어떤 업종은 특정 시기에 사서 특정 시기에 팔면 되더라 하는 나름대로의 원칙과 전략을 한 번 재검토할 필요가 충분히 느껴지는 장기간인 것이다. 그러므로 미리미리 비올 때를 대비하고 미리미리 해가 뜰 것을 대비하는 것처럼, 최소한 경기주기 한 번마다(보다 자주 검토하려면 격년에 한 번 정도로) 투자업종이나 관심업종의 장기 미래 시나리오를 검토해볼 필요가 있는 것이다.

주식투자자가 좋은 점은, 나이가 아주 많은 노인이 되어서 몸이 예전 같지 않을 지라도 머리만 여전히 잘 쓸 수 있다면, 얼마든지 많은 돈을 안정적으로 벌 수 있다는(게다가 일정 금액으로 수입이 더해지는 것이 아니라 일정 비율로 자산이 늘어나는) 것이다. 다만, 성공하는 주식투자자는 모두 가치투자자들이며, 가치투자자는 기본적으로 기업분석, 가치평가, 산업공부 등을 꾸준히 해야 한다. 기본적인 투자체계를 철저히 배운 후, 우리가 사는 세상의 변화를 읽고 관심이 가는 제품, 서비스, 기업, 산업을 호기심 있게 공부하면서, 자신이 사는 국가의 1인당 **GDP**와는 비교할 수조차 없는 수익과 자산으로 부유함과 자유로움을 누리고자 한다면, 가치투자의 세계가 정답 중 하나일 것이다.(다른 가능성들을 열어둔 표현일 뿐, 필자의 경험으로는 오직 가치투자만이 정답이었다.) 공부를 통해 가치투자의 세계로 들어왔다면, 시간을 두고 자신의 지식과 실력을 높여나가면 된다. 수익과 자산은 지식과 실력을 따라서 정직하게 그만큼만 늘어난다.

4부 가치투자 기본과 역발상 주식투자 전략

/1장/
가치투자 기본

1. 가치투자의 기본 개념

본서의 내용을 이해하고 거시경제 투자전략을 효과적으로 활용하려면 아주 기본적인 가치투자의 개념들은 알아야만 한다.

'대한민국 주식투자 완벽가이드'를 통해서 추후 가치투자 원칙과 체계, 실전적인 전략전술의 전모를 이해하기에 앞서, 해당 서적 내용 중 아주 기본적인 세 가지 주제만 선정하여, 일단 기초적인 프레임만을 속히 이해하도록 설명한다.

안전마진, 재무손익 항목, 사업구조 분석 등의 순서로 살펴보자.

첫 번째로 안전마진을 정리한다.
안전마진은 일정한 범위의 가치를 가진 종목을 실제 가치보다 낮은 가격에 매수할 때 발생하며, 적정한 가치 범위 내로 주가가 상승한 후 매도했을 때 그만큼의 수익률이 발생하게 된다. 예를 들면 적정한 시가총액 가치가 3천억 원에서 3천 6백억 원 사이에 있는 종목을 2천억 원 수준에서 주식을 매입한 후(몇 주를 사건 상관없음) 3천억 원 전후까지 시가총액이 상승했을 때 매도한다면, 매수 당시 확보한 안전마진만큼 수익률을 올릴 수 있다.

제 가치보다 낮은 가격에서 종목이 거래되는 것이 주식시장에서 가능한 것은 대부분의 아마추어 투자자들이 애초에 적정가치를 평가할 줄 모르는데다가, 감정(욕심과 두려움)에 휩쓸려서 주가가 고평가된 특정 종목을 추가매수하여 거품을 키우거나 저평가된 특정 종목을 추가매도하여 저평가 정도를 심화시키는 경우가 많기 때문이다. (평가원은 입문에서 베테랑까지 다양한 개인투자자들과 기관투자자들을 대상으로 실전 가치투자 종합완성과정, 주식가치평가사 과정 등 '고급상대가치평가 및 절대가치평가' 교육을 각각 연 1회로 진행해오고 있다.)

한편, 가치투자자는 자신의 투자전략에 최적화한 안전마진을 구축해야 하는데, 충분한 안전마진은 주가의 하방경직성이 훨씬 크고 (싸게 샀으므로) 주가의 상방가능성도 훨씬 크다는 것을 의미하며(적정 주가로 회복할 것이므로), 자신에 맞는 투자스타일이 어떤 것이건 간에 안전마진 구축은 필수적이다.

수익성장주, 고속성장주, 저성장 가치주 등 다양한 특성을 가진 기업들은 **PEG**비율, **PER**, **PSR**, **PBR** 등 다양한 지표들 중에서(이 개념들은 부록. '재무손익, 기타 투자용어'의 용어정리 참조) 가장 적합한 지표들을 기준으로 한 충분한 안전마진이 필요하다.

재무손익 항목

다음으로 좋은 기업의 검토요건 중 정량적인 요건을 먼저 살펴보자.

재무분석을 가장 간단한 수준에서 4가지로 나누면 안정성, 수익성, 활동성, 성장성으로 나눌 수 있다.

간단하게 설명하자면, 안정성 재무비율의 본질적인 효용은 안전하지 않아서 투자에 부적합한 기업을 걸러내는 기준이며, 수익성 재무비율과 활동성 재무비율이 좋으면 비로소 투자하기에 충분히 좋은 기업에 포함되는 것이고, 좋은 성장성 재무비율까지 갖추면 최고의 기업이라고 할 수 있다.

자세한 비율들의 심층적인 의미와 활용도, 호불호 수치의 자세한 기준 등은 '대한민국 주식투자 재무제표 · 재무비율 · 투자공식'을 참조하면 가장 좋을 것이며, 우선 각 비율들의 단순한 사례들만 정리한다.

안정성 지표로는 부채비율, 유동비율, 당좌비율, 이자보상배율 등이 있고, 수익성 지표로는 매출총이익률, 영업이익률, 순이익률, **ROE, ROA** 등이 있고, 활동성 지표로는 총자산회전율, 유형자산회전율, 매출채권회전율, 재고자산회전율, 매입채무회전율 등이 있으며, 마지막으로 성장성 지표로는 매출액증가율, 영업이익증가율, 순이익증가율, 총자산증가율, 자기자본증가율 등이 있다.

대표적인 비율들의 교과서적인(응용단계에서는 현금회수능력이 좋은 기업이냐, 성장성이 높은 기업이냐 등에 따라 적정범위가 달라짐) 범위만 짚고 넘어가자면 부채비율은 100% 이하의 경우는 좋은 편이며, 200% 이상은 불안한 편이라고 할 수 있고, 유동비율의 경우 200% 이상이 안전하다 할 수 있다.

영업이익률의 경우 싸게 많이 파는 것이 주요 전략인 박리다매형 기업과 적더라도 비싸게 팔아야만 하는 후리소매형 기업의 경우가 있어 딱히 모범적인 수치는 없지만, 같은 업종 내에서 영업이익률이 높은 기업이 기본적으로 좋다.

기본적인 투자수익률로는 **ROE**(순이익/자기자본, %)가 있으며, 10% 정도면 국내 상장사의 평균에 해당하고, 15~20% 사이에 있거나 그 이상이면 우수한 편이다.

총자산회전율은(매출/총자산) 매출이 총자산의 몇 배이냐 하는 의미로, 중장기적으로 일정한 수준 내에서 등락하거나 높아지는 것이 좋다. 매출채권회전율, 재고자산회전율 등 현금회수 과정과 관련된 회전율의 경우 일정한 범위 내에서 유지되거나 혹은 높아지는 것이 좋다. 실적성장은 영업이익 성장률 등으로 판단하고, 기업규모의 성장은 총자산 성장률 등으로 이해할 수 있다.

사업구조 분석

정량적인 분석틀에 이어서 정성적인 분석틀, 즉 기업의 사업분석 항목에 대해서 핵심만 정리한다. 평가원의 투자교육에서는 투자자 관점, 기업활동 관점, 오너 관점(경영주체)의 기업분석을 다루고 있는데, 그 중에서 가장 기본적인 투자자 관점 기업분석의 개략을 정리한다.

  투자자관점의 기업분석 과정을 대략적으로 언급하면, 비즈니스 분석, 계열회사 확인, 지배구조 및 임직원 분석 등으로 볼 수 있다.
  비즈니스 분석이란, 업계의 히스토리와 현재의 경쟁 환경, 기업의 사업현황과 실적 추이, 주요 제품 및 원재료의 가격변동 확인, 과거로부터의 매출액 추이와 생산설비 확장/신설 및 연구개발투자 추이 등을 분석하는 것이다.
  이때 매출액의 추이는 기업의 단기적이고 중기적인 시장수요 대응능력을 말해주고, 생산설비 및 연구개발투자는 장기적인 시장수요 대응 혹은 개발능력을 말해준다.
  계열회사 확인이란, 모기업이 소유하고 있는 자회사들 중 비중이 큰 자회사들을 중심으로, 해당 자회사들의 매출액과 순이익 추이를 분석하는 과정이다. 기왕이면 모기업과 시너지가 나는 사업영역을 영위하면 좋다.

  지배구조 분석이란, 최대주주 집단의 주식소유구조를 확인하여 소수주주들과 이해관계를 함께 할 정도로 충분한 지분율을 갖고 있는지 확인하는 과정이다. 대개 지분율이 30% 이하로 너무 낮거나 70% 이상으로 너무 높으면 주주와 이해관계를 달리할 수 있기 때문이다.
  마지막으로 임직원 분석이란, 외부 경영상황에 잘 대응하기 위해서 임원진이 두터운지, 또한 임원진의 경력이 적합하고 급여는 적당한지, 숙련도 및 기업문화를 말해주는 직원들의 근속연수는 경쟁사 대비 어떤지 검토하는 과정이다.

 이상과 같이, 적정가치보다 싸게 매수하는 정도인 안전마진의 크기, 재무손익 기준으로 좋은 기업을 판단하는 정량분석, 사업내용 기준으로 좋은 기업을 판단하는 정성분석의 개념을 정리했다.

2. 계량적 초과수익률

거시경제적으로 초과수익률을 내는 자산배분 전략, 거시경제 단계별 주식비중 조정전략 등은 앞서 정리했다. '2부. 거시경제 순환요소와 대응투자전략' 편을 통해 거시경제에서 순환하는 주요 요소(주식시장과 상호연관성 높은)들의 전모와 주식투자자의 대응전략을 참조할 수 있다. '3부. 거시경제 순환에 대응하는 자산 및 부문배분' 편을 통해 효과적인 거시경제 포트폴리오를 구성하고(주식 및 채권 분산, 주식 내 업종 분산 등) 거시경제 단계별로 주식비중을 조절, 주식 내 업종들의 비중을 조절하는 전략을 참조할 수 있다.

아주 개괄적으로 흐름만 정리하면(2부와 3부는 다시 읽어보되, 특히 3부는 활용편이므로 두세 번 읽고 활용하기를 권한다.), 장기수익률이 가장 뛰어나고 가장 잘 파악할 수 있는 국내 주식의 비중을 가장 많이 가져가되 기타 국내외 채권, 국외 주식 펀드 등 국내 주식과 가격변동성의 방향이 다르고 가격변동성의 정도가 다른 다양한 자산으로 분산투자한다. 또한 거시경제 단계별로 최대의 수익률(위로 크게 열리고 아래로 좁게 닫힌)을 올릴 수 있는 역발상의 형태로 주식비중을 조절하고, 그 중에서도 국면 별로 가장 실적추세가 개선될 업종들의 비중을 확대하는 거시경제 투자전략을 따르면, 기타 투자자산의 장기수익률은 물론 주식시장 자체의 장기수익률을 압도하는 수익률을 낼 수 있다.

한편, 본서의 거시경제 투자전략에 더하여 활용할 경우(개인투자자이건 기관투자자이건 각종 공적기금, 연금관리자이건 상관없이) 최고의 포트폴리오 수익률, 즉 포트폴리오의 가격변동성은 더욱 낮추고, 장기수익률은 좀 더 극대화하고, 불확실성은 제로에 수렴시키는 형태로 높은 수익률을 달성할 수 있는 것이 바로 계량가치투자이다.

가치투자자로서 계량가치투자의 전모를 비교적 쉽게 이해하고 체계적으로 활용하기 위해서는 '대한민국 주식투자 계량가치투자 포트폴리오'를 읽기 바란다. 본서에서는 이번 주제로 거시경제 투자전략과 결합하여 사용할 수 있는 계량가치 투자전략 중에서 두 가지 개념만 소개하고 정리한다.

체계적인 계량투자전략과 다양하고 유용한 계량투자의 실전개념들 중에서, 주식시장 평균보다 역사적으로(단지 몇 십 년이 아니라, 백 년에서 이백 년 이상에 걸쳐) 초과수익률이 뛰어났던 두 가지 계량적 개념, 시가총액 규모와 밸류에이션 지표를 정리한다.

시가총액 규모에 따른 구분

우선 시가총액 규모에 있어서 주식시장 부문을 구분할 수 있는데 대형주와 중형주, 소형주로 나눌 수 있다. 역사적으로 대형주보다는 중소형주의 장기수익률이 일관되게 뛰어났다. 생존편향에 의한 수치조정을 감안하더라도(예외적으로 상장폐지된 기업들의 수를 포함하더라도) 마찬가지로 소형주들의 장기수익률은 대형주들에 비해서 높은 편이다. 미국 투자학계 및 업계의 다양한 통계, 연구자료에 따르면 미국 주식시장 100년사(1900년 이래) 및 200년사(1800년대 이래) 등을 살펴봐도 시가총액을 기준으로 10등분할 경우 가장 시가총액이 작은 종목들은(14~15%) 가장 시가총액이 큰 종목들에(9~10%) 비해서 연평균주가상승률이 5% 전후(자료에 따라 대략 4.5%~5.5%) 추가적으로 높았다. 9~10% 가량의 대형주의 30년 연복리수익률은 15배, 14~15% 가량의 소형주 연복리수익률은 58배 정도로, 거의 4배나 차이가 난다. (자기 자산관리에 있어서 30년은 기본이며, 몇 퍼센트의 연평균 수익률 차이로도 어마어마하게 차이나는 자산으로 벌어진다.) 다만 중소형주의 경우 대형주보다 주가변동성도 훨씬 폭이 넓다. 왜 그럴까.

중소형주는 대형주보다 아직 이익이 가파르게 성장하는 중이며, 또한 주기적으로 성장단계마다 성장통을 겪는다.

인간의 예를 들면, 성장하면서 우선 공부를 해야 하고, 이후 주어진 일을 하면서 급여를 받고 가족을 부양하고, 능력있는 이들은 점차 경쟁과 협력을 통해 사업을 키워나가거나 전문성을 바탕으로 수입을 늘려나가게 되고, 그 중 일부는 비교적 큰 기업이나 거대한 자산을 소유, 경영, 관리해야 한다. 그러한 과정을 거쳐 단계와 수준이 올라가면서 추가적으로 익혀야 하는 기술과 지혜 등이 발생한다. 기업도 마찬가지이다. 몇 개의 부품에 대해서 좋은 품질과 가격, 깔끔한 납품만 신경을 쓰면 되는 수준에서, 고객사와 함께 기술변화에 따른 부품모듈을 함께 개발하고 고객사를 늘려나가는 단계, 부품모듈 및 주요 부품들의 포트폴리오를 체계화하고 글로벌 차원에서 수출을 크게 늘리는 단계, 일부 최종제품 시장까지 진출하거나 자신의 브랜드를 크게 강조하는 일류 부품그룹사로 진화하는 단계에 이르기까지(다양한 형태의 성장 중 하나의 예일 뿐이다.) 성장하는 동안 새로이 갖추어야 할 역량이 늘어난다. 이때 주기적으로 성장통을 겪게 되고, 다음 단계로 나아갈 기업은 한 단계 기업사이즈와 이익이 늘어나고, 이번 단계에서 멈출 기업은 기업사이즈는 유지하되 이익률을 개선하는 것을 목표로 삼게 된다.

즉, 이 과정에서 중소형주의 실적증가폭과 실적하락폭이 대형주보다 더욱 크고, 또한 중소형주에 대한 기대감과 공포감이 더욱 크기 때문에, 중소형주는 대형주보다 훨씬 주가변동성이 크다. (그래서 입문, 초보투자자일수록 몇 개 소형주에만 집중투자하면 매우 위험하다.)

한편, 거시경제 가치투자전략에서 시가총액의 역사적 수익률 차이를 활용하려면, 첫째 장기적으로 이익성장률이 점점 가속화되고 있는 중소형주들과 분산된 사업 포트폴리오를 지닌 안정적인 대형주들에 분산투자를 함으로써, 주기적으로 중소형주가 강세일 때(기대감이 높을 때) 대형주 비중을 역발상적으로 서서히 늘려나가고, 대형주가 강세일 때(소형주의 리스크가 강조될 때) 소형주 비중을 서서히 늘려나가면 된다.

밸류에이션 기준에 따른 구분

다음으로 밸류에이션 지표 기준으로 저평가된 종목들의 장기수익률이(일정 기간에 걸쳐 반복적으로 같은 기준으로 종목들을 재선정하여 매수할 경우) 고평가된 종목들의 장기수익률은 물론, 주식시장 전체의 장기수익률을 압도해 왔다. 실제 모든 통계, 실제 투자성과는 물론 이론 그 자체로도 당연한 일이다. 그래도 아직까지 가치투자를 이해하거나 받아들이지 못하고 차트를 보고 기술적 분석으로만 투자하는(투기하는) 90% 이상의 아마추어 투자자들(투기자들)이 존재하는 이유는, 역시 쉽게 돈을 벌려는 인간의 본성 때문일 것이다.

(수익성장성, 자산가치 등에 비해 저평가된 기업들의 주가가 결국 오르는 것은 너무 당연하며 의심의 여지가 없지만, 지금 당장 오를 종목을 그것도 쉽게 찾고자 하니 오히려 손실이 발생하는 것이다.)

재무제표와 가치평가 공식, 기업분석 툴과 가치투자전략 등이 어렵다고 느껴져서 비교적 금방 배울 수 있는 차트분석 쪽으로 사람들이 몰리는 것이며, 이는 쉽고 빠르게 일확천금을 이루기 위해서 혹은 공부는 하기 싫고 쉽게 돈을 벌기 위해서이다. 과연 그런 게 어디 있을까? (당연히 없다. 노력도 없이 지식도 없이 부자가 될 수 있는 길은 정상적으로 절대 존재할 수 없다.)

주식투자 역사가 긴 미국, 유럽은 물론, 한국이나 중국에서도 역시 평생에 걸쳐 잃지 않고 자산(자기 것이건, 타인 자산을 맡았건)을 크게 늘리는 것은 모두가 개인 가치투자자들과 기관 가치투자자들이다. 차트를 보고 확률 및 예측에 의존하여 투자한 개인 및 기관투자자들은 투자기간을 무한대로 늘리면 자산이 제로가 될 뿐이다. 즉, 단기적으로 우열은 뒤바뀔 수 있어도, 중기적인 기준(2~5년), 장기적인 기준(10년 혹은 그 이상), 평생투자기간 전체(수십 년 이상) 기준 등으로 갈수록, 차트만 보고 하는 투자결과는 자산이 소진되며, 가치투자(기업분석, 거시경제, 계량전략 등)에 기반한 투자결과는 자산이 복리로 증가하는 것이다.

초과수익률을 위한 대표적인 가치지표

밸류에이션, 즉 가치지표들을 기준으로 저평가된 종목들 위주로 투자할 경우 반대로 고평가된 종목들은 물론, 주식시장 전체 평균보다 훨씬 높은 장기수익률을 보인다.

대표적인 가치지표로는 **PER**, **PCR**, **PDR**(배당수익률), **PEG**비율, **PBR** 등이 있다.

PER(주가수익비율)는 현재의 주가를 주당순이익으로 나누는 수익가치 배수법이며, **PCR**(주가현금흐름비율)은 현재의 주가를 주당현금흐름으로 나누는 수익가치(현금주의 회계 방식) 배수법이고, **PBR**(주가순자산비율)은 현재의 주가를 주당순자산으로 나누는 청산가치 혹은 수익가치 배수법이다.

또한 **PEG**(주가이익증가비율 혹은 주가수익성장비율) 비율은 주가수익비율(**PER**)을 '주당순이익(**EPS**)증가율에서 %를 뗀 수치(100배)'로 나눈 것으로, 미래 성장가치 평가법이다.

(기타 다양한 용어의 개념들은 부록. '재무손익, 기타 투자용어'의 용어정리 참조)

주식시장이 크게 상승하는 과정에서 기대감으로 한껏 고평가된 고 성장주와 고 **PER**, 고 **PBR** 종목들의 경우 주식시장이 하락세에 (예고하고 오는 하락세는 없다.) 들어서면 주가가 큰 폭으로 급락한다. 반면에 계량적으로 이미 저평가되어있는 종목들인 저 **PER**, 저 **PCR**, 저 **PBR** 등 가치지표 상으로 낮은 수치를 보이는 종목들의 주가하락률은 그 폭이 적다.

저 **PER**, 저 **PCR**, 저 **PDR**, 저 **PBR** 등 저평가된 종목들은 주식시장이 상승세에 있을 때 저평가가 해소되어 주가가 상승하고(이때 지속적으로 이익이 성장하는 우량주 외에는 대체로 매도), 주식시장이 하락세에 있을 지라도 이미 저평가된 상태이기 때문에 상대적으로 주가하락률이 낮으므로, 장기수익률이 높을 수밖에 없다.

한편, 거시경제 가치투자전략에서 가치지표 기준으로 저평가된 종목들의 초과수익률을 추가적으로 참고하려면 아래 두 가지를 명심할 필요가 있다.

첫째, 평균 혹은 평균 이하의 수익성장률(장기적으로 10% 이하)을 갖춘 보통 기업의 경우 **PER, PCR, PDR, PEG**비율, **PBR** 등 다양한 지표를 참조하여 상대적으로(주식시장 평균이나 업종의 평균보다) 저평가된 종목들을 매수하며, 평균을 초과하는 수익성장률(장기적으로 10% 초과)을 갖춘 기업의 경우 이익성장률과 이익지속성 등에 비해서(주식시장이나 업종 평균과는 무관) 위 지표의 수치가 저평가된 종목들을 매수할 경우 중장기적인 기대수익률이 높아진다.

둘째, 위 기업들에 분산투자할 때, 중장기 재무손익비율 추이, 근본적 사업경쟁력과 수요시장 추이 등 각 기업들의 펀더멘털을 검토해서, 장기적으로 실제 문제가 없는 기업들만(단기적으로 지나갈 문제는 어떤 기업이나 있을 수 있음) 분산투자해야 한다.

/2장/
역발상 주식투자와 군중 투자심리

1. 과열, 공포국면의 주식시장과 역발상 투자

주식시장은 장기적으로는 상승하지만 중기적으로는 인간의 본성에 의해 기타 자산들에 비해서 변동성이 매우 큰 편이다. 즉, 주식시장은 주기적으로 과열되기도 하고 공포로 인해 급락하기도 한다. 주식시장이 기대감과 낙관에 의해 과열국면으로 진입하고 두려움과 우려로 인해 공포국면으로 진입하는 과정에서 어떤 일이 발생하고 어떻게 행동해야 할까.

주식시장의 과열국면과 공포국면이 어떤지 알아보면서, 주식시장의 구성원(가치투자자들과 아마추어 투자자들)들이 해당 국면에서 어떻게 매수매도 추세를 보이는지 살펴보자.

주식시장의 과열국면

과열국면은 주식시장의 상승세 후기나 말기라고 할 수 있다. 소비지출과 기업실적 개선이 저평가된 주식시장을 상당한 수준으로 끌어올리는 탄탄한 상승세가 있고나서야, 그 후에 과열국면으로 넘어가게 된다. 그런데 주식시장이 과열국면으로 다가갈 때에는 지금까지의 주가상승 속도보다 주가가 다소 급하게 올라가면서 거래량이 크게 늘어난다. 수많은 아마추어 투자자들, 즉 대중들이 뒤늦게(옆집 이웃이, 직장 동료가 주식으로 돈을 벌었다는 말을 듣고서야, 배가 아파서 주식시장에 입성) 욕심과 기대를 가지고 매수 우위의 포지션을 갖고 주식시장에 들어오면서 주가를 빠르게 끌어올리기 때문이다. 이 과정에서 가치투자자들이 이전 공포국면부터 싼 주가에 매수했던 보유종목들을 제 가치보다 훨씬 비싼 가격으로 대량 매도하면서, 아마추어 투자자들의 손으로 많은 주식이 넘어간다. 아마추어 투자자 집단(개인투자자, 기관투자자 등의 형태와 무관함)의 특징은, 주로 단기수익률에만 관심이 많고 주식에 대한 체계적인 공부, 즉 기업의 정성/정량적 분석, 가치평가와 운용전략 등 가치투자지식이 없거나 턱없이 부족하다는 점이다. 특히 개인 아마추어 투자자들은 개인 가치투자자들보다 그 수가 압도적으로 많고, 1인당 투자규모는(개인 가치투자자들보다) 훨씬 작으며, 심지어 일부 위험한 부채도 끌어안고 있다. 돈을 잃기 위한 삼박자를 완벽하게 갖추고 있는 셈이다. 이들은 자신이 보유한 주식의 가치보다 싸게 사서 제 가격 혹은 그 이상으로 매도할 합리적인 계획을 가지고 있는 것이 아니라, 주가가 오를 때 매수해서 더 비싼 주가로 매도하고자 하는 말초적이고 감정적인(머리가 아니라 가슴이 뛰는) 기대를 가지고 있다. 그러나 그렇게 사람 좋고 희생적인 사람은 생각보다 많이 존재하지 않는다. (아마추어 투자자들 스스로가 바로 그런 사람들이며, 마지막 시장참여자이므로)

바로 위 과정이 과열국면으로 옮겨가는 과정이며, 주식시장이 과열국면에 들어섰다면 주식시장 붕괴가 임박했다는 이야기이다.

과열국면에서 아마추어 투자자들이(일반 대중들) 조금이라도 수익을 내면서 점점 더 빚을 내고 투자규모를 키우면 필연적인 결과 하나가 있다. 바로 사회 전체의 (아주 일시적인) 착각으로 부의 효과가 반짝 일어나면서 소비가 더욱 늘고 주식시장은 호황의 끝을 보이면서, 높은 수준의 인플레이션이 반드시 찾아온다는 점이다.

대중들이 희망하는 좋은 사회는 모두가 부자가 되는 사회이겠지만, 이는 이론적으로 실제적으로 모두 불가능하다. (이 책의 독자, 대한민국 주식투자 성공시리즈의 독자는 항상 돈을 버는 일부 현명한 투자자가 되어야지 절대로 대중이 되면 안 된다.) 왜냐하면, 급격한 속도로 한 사회의 대중들이 부자가 된다는 말은 바로 임금과 물가가 그만큼 오른다는 말과 정확히 똑같은 말이기 때문이다. (그것이 바로 일본의 1980년대 거품경제이며, 이후 최악의 장기불황이 도래했다.) 인플레이션을 감안하면 대다수가 실제 부자가 아니게 되는 것이다.

(모두가 부자가 되었기 때문에 모두는 부자가 아니게 된다. 보유자산으로 살 수 있는 재화와 노동의 수량에 변화가 없어지는 것이다.)

거기에 그치는 것이 아니라 더욱 심각한 문제가 있는데, 국제적으로 완벽히 폐쇄된 경제가 아닌 이상 임금과 물가와 자산(주가나 부동산)이 적정한 상승률보다 너무 크게 올랐을 경우, 전 산업에 걸쳐서 기업의 가격경쟁력이 떨어지고(품질과 브랜드는 그대로이지만) 매출과 이익이 구조적으로 줄어들면서 실업률이 올라간다는 이야기이다. 즉, 사회 구성원이 모두 부자가 되면 모두 부자가 아니게 되며, 사회 전체가 고비용 구조로 고착화되어 생산성이 악화되고 실업률이 상승하며, 언제라도 터질지 모르는 거품이 사회 전체에 가득 차게 된다는 말이다.

(꾸준히 노력하면서 살아가는 한 사람의 가치투자전문가이자 한 기업의 대표인 필자의 소견으로는, 재능과 노력, 열정 등이 부의 정당한 창출 과정이 되어야 한다고 생각하며, 노력의 과정에 관계없이 사회 구성원 모두에게 충분한 부와 수입이 주어져야 한다는 극단적인 생각에는 절대로 동의할 수 없다. 재능과 노력, 열정에 대해서 그에 상응하는 부와 수입이 주어지며, 그 외 경쟁에서 밀린 계층에는 최소한의 인간다운 경제적 권리를 보장하는 것이야말로 정의구현과 동기부여가 잘 조화된 사회라고 생각한다.)

주식시장의 공포국면

본론으로 돌아와서, 본질적으로 대중이 부자가 된다는 개념 자체가 높은 수준의 인플레이션을 의미하기 때문에 과열국면에서는 한국은행(중앙은행)이 기준금리를 올리지 않을 수가 없다. 정부 역시 재정 정책이나 조세 정책 등 다양한 측면에서 결국 파티를 끝낼 수밖에 없을 것이다. 이윽고 과열국면이 한창인 가운데 주가가 1차적으로 급락한다. 아마추어 투자자들에게는 아무 이유도 없는 하락으로 보이지만 사실 소비지출과 기업실적의 상승률이 눈에 띄게 둔화되었다. (절대적인 금액은 아직 증가할 수 있으나 증가율 자체는 급락한다.) 시간이 지나고 어영부영하는 사이에 실제로 소비지출과 기업실적이 악화되면서 감소하기 시작하고 경기침체 이야기가 들려오는 가운데 주식시장은 2차적으로 하락한다. 아마추어 투자자들 중 일부는 주가 하락을 견디지 못하고 주식시장을 떠났지만 아직도 상당수가 남아 있다. 그리고 본격적인 경기침체와 실업률 상승 등의 어두운 뉴스가 세상을 뒤덮을 때 드디어 마지막으로 포기한 아마추어 투자자들이 대거 물량을 던지고 투매가 일어난다. 여기까지의 과정이 공포국면까지의 과정이다. 이때 현명한 가치투자자들은 물 반 고기 반의 호수에서 낚시를 하듯이, 명백히 저평가된 주식시장에서 우량하고 저평가된 종목들 위주로 대량매수를 시작한다.

대부분의 아마추어 투자자들(시장에 갓 입문한 투기자들)과 달리 이 책의 독자들은 과열 국면에서 가치투자자들처럼 분할매도하고(혹은 그 이전에 분할매도하고), 공포 국면에서 가치투자자들처럼 분할매수해야 할 것이다. 물론, 가치투자자들이 따로 있는 것이 아니다. 가치투자자들이란 책, 교육 등을 통해서 스스로 재무분석, 산업분석, 가치평가, 운용전략(주식과 기타 자산, 주식 내 부문 등)을 익히는 투자자들이고, 또한 익힌 대로 실제로 투자하면서 실력을 키워나가는 투자자들이다. (익힌 대로 하지 않으면 소용이 없다. 머리로 익히고 가슴으로 투자하면 안 된다. 머리로 익히고 머리로 투자해야 한다.)

2. 군중의 투자심리

거시경제의 순환을 역이용하여 역발상 가치투자를 하려면, 일반적인 대중적 투자자의(이하 주식시장에서 '군중'과 동의어로 사용) 심리를 잘 알고 스스로 거기에서 빠져나오는 편이 좋다. 아무리 머리가 투자지식으로 무장되어 있어도 가슴이 대중들과 함께 기뻐하고 흥분하고 욕심을 내며, 슬퍼하고 두려워하고 공포에 떨면 반드시 주식시장에서 손실을 입게 된다.

반면에 일반 아마추어 투자자들의 투자심리(잘못된 감정적 판단, 오류 등)를 알고 이에 빠져들지 않으며 나아가서 이를 역이용하면 반드시 주식시장에서 작거나 큰 부자가 될 수 있다.

얼마나 부자가 될 수 있는가는 독자마다 다른데, 종자돈의 규모와 연평균 복리수익률, 투자기간의 길이에 따라서 결정된다. 즉, 금융자산과 고정수입이 초기자본 및 추가 투자자본에 있어서 중요하며, 깊이 있고 체계적인 교육, 책 등을 통한 실전투자공부의 결과가 바로 연복리수익률을 결정하며, 가치투자의 기간이 길수록 유리하다는 말이다. 하지만 가치투자는 업무강도가 세지도 않고 딱히 정해진 은퇴시기도 없기에, 시작하기에 늦은 나이란 없다. 꾸준히 (주식은 일확천금 도박이 아니므로) 돈을 벌고자 하는 열정과 공부한 만큼 수익이 난다는 것을 받아들이는 성실함이면, 고령자일지라도 전혀 문제가 되지 않는다.

마지막으로 가치투자자들은 다른 가치투자자들보다(어차피 대중에 비해서 소수에 해당하는 가치투자자들끼리 경쟁할 일은 별로 없다.) 얼마나 더 부를 쌓는가가 중요한 것이 아니라, 일반 대중 투자자들보다 얼마나 빠른 속도로 부를 쌓는가 또 그들보다 얼마나 부를 키우는가가 중요할 뿐이다.

그러므로 거시경제를 활용한 역발상 가치투자자가 되기로 결심을 했다면, 역발상 투자를 위해서 아마추어 투자자들이 빠지는 투자심리를 이해하고, 그런 감정에서 벗어나서 냉정하고 현명한 가치투자자로 거듭날 필요가 있다.

역발상투자나 행동경제학, 투자심리 등에 대한 전체적이고 구체적인 전략전술체계를 모두 정리하기에는, 거시경제 가치투자가 담는 주제의 영역을 훌쩍 넘어서며 그 내용이 별도의 책으로 담을 만큼 많다. 그렇기에 새롭고 넓은 주제로 추후 대한민국 주식투자 성공시리즈의 일환으로 정리하기를 독자들과 약속하면서, 필자가 보기에 '거시경제순환을 역이용할 현명한 역발상투자자'에게 가장 필수적이고 핵심적인 개념(당연히 회피개념) 몇 가지를 명확히 설명하는 것으로 마무리하고자 한다.

군중과 함께 몰려다니지 말 것

역발상투자자들이 하지 말아야 할 첫 번째는 주식시장에서 군중과 함께 우르르 몰려다니는 것이다. 군중들이 공공연히 선호하는 자산, 군중들이 모두 알고 있는 투자정보, 군중들이 함께 채택한 전략 등은 주식시장을 포함한 모든 투자의 세계에서, 최악의 자산이며 가장 피해야할 투자정보이고 가장 회피해야 할 전략이다. 다른 부문에서는 그렇지 않은 경우도 많지만 투자의 세계에서는 군중과 함께 가는 것만은 피해야 한다.

군중들이 공공연히 선호하는 자산은 역사적으로 항상 '소위' 꼭지에 이르렀다. 태반 혹은 절대 다수의 군중이(모두가 부자가 되는 세상은 환상에 불과하다.) 특정 형태의 자산을 이미 선호하는데 더 이상 그 자산의 가격이 어떻게 오르겠는가. 아쉽지만 군중의 뒤에는 더 이상의 추종자가 없다. 군중은 가장 마지막 순서의 대량 추종자이며, 항상 투자의 세계에서 뒷북을 칠 수 밖에 없다. 또한 군중이 모두 알고 있는 유망 투자정보(이 말 자체가 절대적인 모순)는 가장 쓸모가 없다. 군중이 공공연히 선호하는 자산이 최악의 자산인 것과 마찬가지 이유에서 널리 공개된 유망 투자정보는(무엇을 매수하라는 직접적인 형태일수록) 해당 투자자산을 매도하라는 말과 정확히 동의어이다. 마지막으로 군중이 택한 전략 역시 가장 피해야할 전략이다.

그렇다면 군중과 반대로 해야 할까? 그것은 또 아니다. 군중이 공공연히 어떤 종목에 열광할 경우 굳이 공매도를 할 필요도 없고, 보유주식을 전부 내던질 필요도 없다. 역발상투자자는 군중의 의견은 완전히 무시한 채(그대로 듣지도 말고 반대로 하지도 말고, 완전히 무시하는 것이 중요) 객관적으로 상황을 파악한다. 그래서 객관적인 상황을 기준으로 삼고, 군중의 행동을 역이용하면 된다. 고평가되어 있어 매수하지 않은 주식이 군중에 의해서 더욱 고평가되고 있을 경우, 그저 무시하면 된다. 저평가되어 있어 매수한 주식이 군중에 의해 고평가되고 있을 경우, 분할매도를 하면 된다. 물론, 저평가되어 있어 매수한 주식이 군중에 의해 더욱 저평가되는 반대의 경우, 천천히 추가매수를 하면 된다.

단기정보에 집착하지 말 것

역발상투자자들이 하지 말아야 할 두 번째는 단기정보에 집착하고 속는 것이다. 군중들은 대개 단기정보에 사로잡힌 나머지 단기추세에 속고 장기추세를 보지 못한다. 최근 1~2년간 주가상승률이 좋았던 종목을 군중들이 대거 매수한다든지, 영업사이클 상 저점에 가까워지면서 최근 두세 분기동안 최악의 실적을(매출, 이익 등 경영실적) 보인 종목을 군중들이 헐값에 매도한다든지 하는 행위에 동참하지 말고 냉정하게 판단해야 한다.

냉정하게 판단하는 것은, 앞서 말했듯이 그들과 반대로 행동하는 것이 아니라 사실을 바라보는 것이며, 또한 장기적 진실을 꿰뚫어 보는 것이다. 어떤 기업의 실적이 두세 분기 동안 혹은 최근 1~2년간 점점 좋아진다면, 과거 8년 이상(짧은 재고순환주기 두 사이클 이상)의 실적, 가능하면 10년 이상의 실적을 바탕으로 장기 성장궤도에 있는 것인지, 혹은 주기적인 실적순환 속에서 확장기에 있을 뿐인지 파악해야 한다. 장기 성장궤도에 있다면 기업의 실적향상은 계속 이어질 것이고, 주기적인 실적순환을 겪고 있다면 머지않아 실적이 꺾일 것을(자연스러운 현상이다.) 미리 대비해야 한다.

냉정한 역발상 태도를 갖출 것

역발상투자자들이 하지 말아야 할 세 번째는 아마추어 투자자들이 쉽게 빠지는 손실회피 행동이다. 감정이 투자의사결정에 미치는 영향을 통제하지 못하는 아마추어 투자자들은 손실이 발생하는 것을 참지 못한다. 그 결과 펀더멘털 자체가 악화하면서 실적이 망가지고 그에 선행하여 주가가 떨어지는 종목을 도저히 팔지 못한다. 또한 단기적인 주가하락을 두려워하며 가격변동성이 심한 종목, 혹은 최근 주가가 급락하고 있는 종목에(해당 종목이 좋고 나쁨에 관계없이) 투자하지 못한다.

이에 반해 역발상 가치투자자는 장기적으로 꾸준히 실적과 주가가 상승해온 종목이라면, 단기적으로 실적과 주가변동성이 크다고 해서 투자를 기피하지 않는다. 투자시간의 지평이 길고 중장기적인 수익률 극대화를 목표로 하는 투자자라면 단기적인 가격변동성은 오히려 매수매도의 기회가 될 뿐이다. 반면에 중장기적으로 기업의 경쟁력이 구조적으로 하락하거나 기업이 속한 산업 자체가 초장기적으로 사양산업으로 변화하고 있다는 것을 파악했다면, 매수당시보다 주가가 하락했을지라도 매도해야만 한다. 가치가 지속적으로 하락하는 종목은 시간이 흐를수록 적정주가도 지속적으로 하락하며, 이전에 기대감을 받던 우량기업일수록 가치하락률보다 향후 주가하락률이 더 클 수 있다. 그러므로 펀더멘털이 확실하게 훼손된 종목은 주저 없이 매도하고 우량한 펀더멘털에도 불구하고 저평가된 더 좋은 종목에 투자하는 편이 좋다.

위 세 가지 이외에도 다양한 투자심리의 오류가 있지만 우선 위에서 설명한 기본적인 투자심리의 오류를 피하면서 거시경제순환에 따라 현명하게 역발상으로 투자한다면(주식비중 및 주식 내 부문 분산, 기타 자산 분산 등) 군중들의 틈바구니에 섞여 어처구니없는 실수로 상당한 수익기회를 날려버리거나 큰 손실을 입는 일은 없을 것이다.

5부 부록 - 가치투자체계 육성시스템

1. 재무손익, 기타 투자용어 정리

<재무상태표 핵심 항목 풀이>

항 목	내 용
자산	기업이 소유한 재산의 목록 현황
유동자산	1년 내 현금화가 가능한 자산
당좌자산	판매과정 없이 현금화 가능한 자산
현금, 현금성 자산	현금 및 보통 예금
단기금융자산	단기로 운용하는 자금
매출채권, 기타채권	제품·상품 외상 채권, 기타 미수 매각대금, 미수수익, 선 지급한 비용 등
재고자산	판매과정을 거치면 현금화가 가능한 자산(상품, 제품, 재공품, 원재료 등)
비유동자산	현금화하는 데 1년 이상 소요될 자산
투자자산	본업과 무관한 투자자산(장기투자증권, 관계기업/조인트벤처 투자 등)
관계기업/조인트벤처투자	경영권 행사를 목적으로 보유한 피투자기업
유형자산	영업활동을 위한 유형자산(토지, 건물, 기계장치, 차량, 건설 중 자산 등)
무형자산	무형적 권리에 해당하는 자산(개발소용 비용 및 인수합병 시 공정가치 초과 매입액)
부채	기업이 지불해야 할 비용 또는 자금조달 현황
유동부채	1년 이내에 지불해야 할 부채
매입채무, 기타채무	원재료, 상품 구입, 기타 외상매입금, ㅈ미리 받은 돈, 각종 미지급금
단기금융부채	금융기관에서 차입한 단기부채

항목	내용
비유동부채	지불기한이 1년 이상인 부채(장기금융부채 및 기타 영업관련 부채)
장기금융부채	사채(채권자 귀속)와 장기차입금(금융기관 귀속)
자본	기업의 총자산에서 지불해야 할 부채를 차감한 주주 귀속 자본
자본금	액면가 기준으로 주주가 출자한 금액
자본잉여금	자본거래의 결과로 발생한 차익(액면가를 초과한 만큼의 주식발행초과금 등)
자본조정	계정 불분명으로 자본에 가감한 내용, 자사주(자기주식) 매입 시 자본조정
이익잉여금	영업활동으로 발생한 이익 중 배당을 제외한 사내 유보금

〈손익계산서 핵심 항목 풀이〉

항목	내용
매출액	제품 및 상품의 판매액
매출원가	제품 및 상품에 소요된 원가비용(재료비, 노무비, 경비, 외주가공비 등)
매출총이익	원가(원재료 등)를 차감한 이익
판매비와 관리비	판매 및 관리 비용(인건비, 감가상각비, 연구개발비, 광고판촉비 등)
영업이익	영업관련 실제 이익(=수익-비용)
영업외수익	부대수익
이자수익	예금 등에 의한 이자수익
배당금수익	타 기업의 주식을 보유하여 수령한 배당금

항 목	내 용
지분법이익	피투자회사의 이익에 대해 지분율 만큼 반영된 이익
영업외비용	부대 비용
이자비용	차입금 등에 의한 이자
지분법손실	피투자회사의 손실에 대한 지분율 만큼의 손실반영
당기순이익	영업이익에서 영업외손익을 가감하고 법인세까지 차감한 주주의 이익

〈재무손익비율 핵심 항목 풀이〉

항 목	내 용
안정성	부채비율, 유동비율 등 기업의 재무유동성과 안정성을 나타내는 비율
부채비율	공식 : 부채총액/자기자본(%) 일반적으로 100% 이하가 안전하나 현금유입이 빠르고 연속적인 기업의 경우 다소 높아도 무방
유동비율	공식 : 유동자산/유동부채(%) 일반적으로 200% 이하가 안전하나, 현금유입이 빠르고 연속적인 기업의 경우 다소 높아도 무방
순차입금비율	공식 : (금융부채-현금·현금성자산-단기금융자산)/자본총계(%) 일반적으로 30% 이하가 안전하나 현금유입이 빠르고 연속적인 기업의 경우 다소 높아도 무방
수익성	매출액에 대한 백분율로 기업의 수익 창출능력을 나타내는 비율
매출액총이익률	공식 : 매출총이익/매출액(%) 매출원가를 차감한 기업의 수익능력 비율. 높으면 좋으나 기업강점(원가우위, 차별화)이 다를 시 단순비교 불가

항목	내용
매출액영업이익률 (영업이익률)	공식 : 영업이익/매출액(%) 판관비까지 차감한 기업의 수익능력 비율. 주요비용을 모두 차감한 이익률로 기본적으로 높으면 양호
매출액순이익률 (순이익률)	공식 : 순이익/매출액(%) 영외손익 및 법인세까지 고려한 수익능력비율. 주주에게 귀속되는 최종이익률로 기본적으로 높으면 양호
ROE (자기자본이익률, 자기자본수익률)	공식 : 순이익/자본총계(%) 주주귀속 자본총계의 수익 창출능력 비율. 부채비율이 과다하지 않다는 전제 하에서 ROE가 높을수록 양호
ROA (총자산이익률, 총자산수익률)	공식 : 순이익/총자산(%) 총자산(부채, 자본 포함) 수익 창출비율. 재무레버리지효과를 제거한 수익률로 ROA가 높을수록 양호ㅈ
ROIC (투하자본이익률, 영업자산이익률)	공식 : NOPAT(세후영업이익)/IC(투하자본 혹은 영업자산)(%) 영업자산(투하자본) 수익 창출비율. 영업에 활용된 자산만을 고려한 수익률로 ROIC가 높을수록 양호
활동성 비율	주요 자산의 매출액에 대한 회전율로 자산활용도를 나타내는 비율
총자산회전율	공식 : 매출액/총자산(횟수) 총자산의 효과적 이용도를 나타내는 비율. 크면 좋으나 기업특성(박리다매, 후리소매)이 다를 시 단순비교 불가
유형자산회전율	공식 : 매출액/유형자산(횟수) 영업관련 유형자산의 이용효율 측정비율. 크면 좋으나 기업특성(제조업, 서비스업 등)이 다를 시 단순비교 불가

항목	내용
재고자산 회전율	공식 : 매출액/재고자산(횟수) 재고자산이 팔리는 속도의 회전율. 크면 좋으며 대개 과거로부터 현재까지의 수치를 비교
매출채권 회전율	공식 : 매출액/매출채권(횟수) 매출채권을 회수하는 속도의 회전율. 크면 좋으며 대개 과거로부터 현재까지의 수치를 비교
매입채무 회전율	공식 : 매출액/매입채무(횟수) 매입채무를 상환하는 속도의 회전율. 작으면 좋으며 대개 과거로부터 현재까지의 수치 비교
성장성 비율	주요 재무손익항목의 전년(주로) 대비 증가율로 경영성과측정 비율
매출액 증가율	공식 : (당해년 매출액/전년 매출액)-1(%) 기업실적의 전체적인 성장비율. 높으면 좋으며 경기변동형기업은 한시적, 성장기업은 지속적으로 높음
영업이익 증가율	공식 : (당해년 영업이익/전년 영업이익)-1(%) 기업의 본질이익 성장비율. 높으면 좋으며 매출액 증가 혹은 비용절감 등 원인파악이 중요
순이익 증가율	공식 : (당해년 순이익/전년 순이익)-1(%) 기업의 주주귀속이익 성장비율. 높으면 좋으며 영업이익 증가 혹 영업외수익 증가 등 원인파악이 중요
매출원가율	공식 : 매출원가/매출액(%) 한 단위의 수익을 위한 비용(원가)의 비율. 낮으면 좋으나 기업강점(원가우위, 차별화)이 다를 시 단순비교 불가
판매관리비율 (판관비율)	공식 : 판매관리비/매출액(%) 판관비의(경영효율성) 매출액 대비 비율. 낮으면 좋으며 판매관리비 중 미래이익을 위한 비용 외 축소는 긍정적

<기타 핵심 투자용어 풀이>

용 어	내 용
GAAP (일반적으로 인정된 회계원칙)	기업의 재무손익에 대한 재무제표 작성시 신뢰성과 비교가능성 제고를 위해 따라야할 원칙으로 주주중심 미국식 회계원칙. 연결기준 기업실체를 알 수 없다는 단점에도 모기업 영업과 지분법 실적을 구분하는 장점이 존재
IFRS(국제회계기준)	회계처리 및 재무제표의 국제적인 통일성 제고를 위해 국제회계기준위원회에서 제정하는 회계기준, 경영실체 중심 유럽식 회계기준. 연결기준 기업실체를 파악 가능한 장점과 종속회사의 비소유지분까지 합하는 단점이 존재
연결 재무제표	모기업이 실질적으로 지배하고 있는 종속회사를 모기업과 함께 하나의 기업집단으로 보아 개별 재무제표를 종합하여 작성하는 재무제표
종속기업	모기업이 피투자회사의 지분을 50% 초과하여 소유하거나 그렇지 않더라도 실질적으로 지배하는 경우 피투자회사는 종속기업. 연결재무제표에서 재무손익항목을 모기업에 합하여 연결함
관계기업	모기업이 피투자회사의 지분을 20% 이상 50% 미만 소유하거나 그렇지 않더라도 실질영향력을 발휘하는 경우 피투자회사는 관계기업. 연결재무제표에서 재무손익항목을 모기업에 연결하지 않고 지분법 만큼 인식함
감가상각비	토지 등 특수자산을 제외한 공장, 기계장치 등 대부분의 유형자산에서 해마다 감소하는 가치분으로 매출원가와 판관비의 비용으로 처리
자본적지출	기업이 미래의 이윤창출을 위해 유형자산 등에 투자하는 비용으로 지출액은 일시 현금 유출되어 자본화되었다가 효익의 발생기간 동안 비용처리

용어	내용
PER (주가수익비율)	공식 : 주가 / 주당순이익(배) 현재의 주가를 주당순이익으로 나누는 수익가치 배수법. 평가원은 절대할인율에 근거한 절대PER 추가교육
PSR (주가매출액비율)	공식 : 주가 / 주당매출액(배) 현 주가를 주당매출액으로 나누는 경기변동형 혹 성장가치 배수법. 평가원은 실적조정에 근거한 절대PSR 추가교육
PBR (주가순자산비율)	공식 : 주가 / 주당순자산(배) 현재의 주가를 주당순자산으로 나누는 청산가치 혹 수익가치 배수법. 평가원은 절대PER에 근거한 절대PBR 추가교육
EPS (주당순이익)	공식 : 당기순이익 / 발행주식수(원) 기업이 벌어들인 순이익을 기업이 발행한 주식수로 나눈 값으로 1주당 창출한 이익을 나타내는 지표
BPS (주당순자산)	공식 : 자본총계 / 발행주식수(원) 기업의 자본총계를 발행주식수로 나눈 값으로 1주당 주주자본을 나타내는 지표. 단, 청산가치를 말할 때는 자본총계에서 무형자산, 이연자산 및 사외 유출분을 차감하여 주식수로 나눔
EV/EBITDA	공식 : (시가총액+순차입금)/이자, 법인세, 유무형자산 상각비 차감 전 영업이익(배) 인수자 입장의 인수비용과 인수 후 현금흐름을 비교한 수익가치 배수법
PEG	공식 : PER / 예상 EPS 증가율(배) 주당순이익 증가율 대비 주가의 고/저평가를 계산하는 방식으로 주로 성장주 평가법
DCF (현금흐름할인법)	향후 기업이 창출할 순 현금흐름을 적정 할인율로 현재가치화하여 영업가치를 평가하는 기업가치평가법. 평가원은 간결한 연금법 DCF까지 교육

용 어	내 용
RIM (잔여이익모델, 초과이익모델)	현금흐름할인모형의 하나로 자기자본비용을 초과하는 이익의 현재가치와 자본총계를 합하는 가치평가법. 평가원은 간결한 연금법 RIM까지 교육
듀퐁분해	ROE를 매출액순이익률, 총자산회전율 및 재무레버리지율 등 인수로 나누는 기업활동 분석 툴. 평가원은 8대 재무손익비율 및 듀퐁 7분해 등 심층교육

2. 주식투자 체계(격자구조) 및 정통가치투자 공부

직장을 갖고 있으면서 주식투자를 용돈벌이나 부업 수준으로 하는 입문 혹은 기초 수준의 개인투자자, 직업적인 수준으로 투자하는 전업투자자, 대중들에게 서비스의 대가를 받고 투자를 전문적으로 대신해주는 기관투자자, 일반 기업의 재무전략 및 투자기획 부문 임직원, 공인회계사 등 투자주체를 막론하고, 주식투자를 통해 지속적이고 안정적이면서도 상대적으로 높은 수익률을 창출하기 위해서는 '주식투자의 체계(격자구조)'를 배우고 이에 따라 투자해야만 한다.

그리고 유망한 관심기업의 사업모델을 이해하고 재무손익비율을 입체적으로 이해하며 적정주가를 스스로 산정할 수 있을 때 비로소 수익률이 극대화되는 것이다.

왜냐하면 사업구조와 재무손익비율, 그리고 가치평가 능력은 주식투자자에게 마치 날개를 달아준 것과 같이 자신감과 안정감, 그리고 탁월한 성과를 약속해주기 때문이다. 이하 주식투자 체계를 한 눈에 볼 수 있는 그림과 주식투자체계를 익힐 수 있는 정규 오프라인 교육을 소개한다.

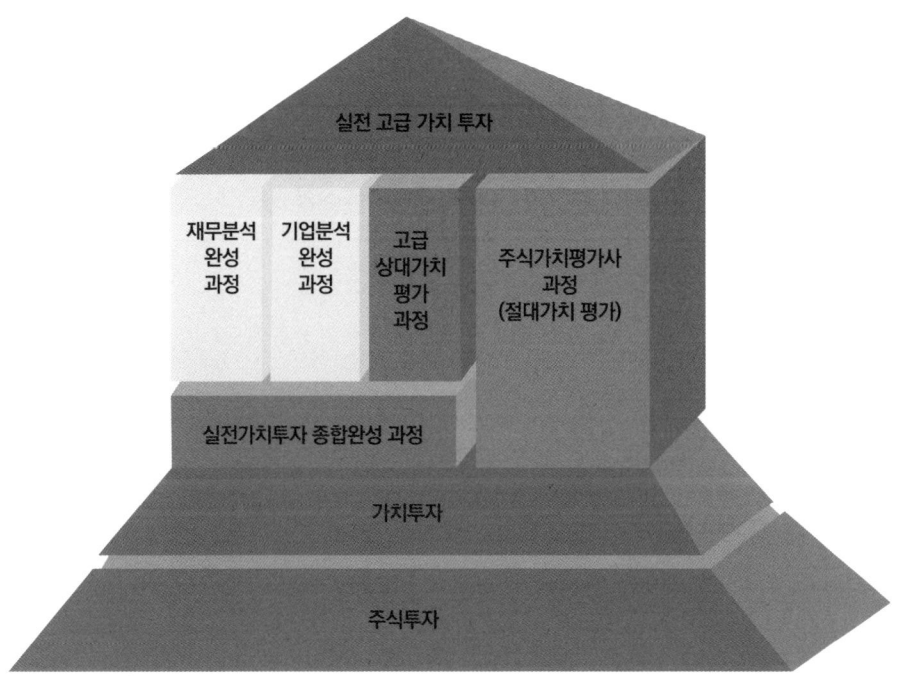

■ 실전가치투자 종합완성 과정 – 재무·기업 분석, 고급상대가치평가

※ ㈜한국주식가치평가원 홈페이지에 방문하시면 교육 수강후기를 확인하실 수 있습니다.

구분	주차	주제	세부 주제
재무 분석 완성	1 주차	재무분석, 기업분석, 고급상대 평가 개괄	기업가치 상승구조 및 순서 (사업, 자산, 매출, 비용, 레버리지, 나선형 성장, 순익) 기업(재무 포함)활동과 3대 재무제표 관계 이해 / 4대 재무손익비율 관계 이해 기업가치 이해 (안정성, 수익성, 성장성 등 내재가치) 및 기업활동과 주가 : 기업설립(사업) – 전략 및 활동 – 사업보고서와 실적 – 주가 기업활동에 따른 투자수익률 이해 - 기업활동과 투자수익률 기본(ROIC, ROA, ROE, 소수주주 및 대주주 매력도) - 비교적 높은 주가상승률의 기업필요조건, 매우 높은 주가상승률의 기업필요조건 기업가치의 기반(자산가치, 수익가치, 성장가치 등을 모두 포함) 기업의 가격변동성(주식 한 주의 가격, 기업전체 가격, 내재가치) 및 경기변동형, 경기비변동형 사례 가치평가(적정주가 산정)의 목적(복리투자수익, 1회성 투자수익 및 복합수익률)
		주요 재무제표 및 세부 재무항목 심층 이해	재무상태표, 포괄손익계산서, 현금흐름표 등 재무제표의 체계적인 이해 (3대 재무제표 관계 확립) 재무상태표 종합 이해 자산, 부채, 자본 각각 종합 이해, 주요 항목별 핵심의미, 영업/비영업 계정 구분 등 - 유동자산, 비유동자산, 유동부채, 비유동부채 세부항목 등 - 자본금, 자본잉여금 / 이익잉여금 / 자본조정 및 기타포괄손익누계, 지배지분 자본 손익계산서 종합(수익과 비용) - 매출액 / 매출원가 및 매출총이익 / 판관비 및 영업이익 (2대 비용의 차별적 성격) - 지속성 있는 영외손익 항목 / 순환하는 영외손익 항목 (이익변동성 제거, 버핏 주주이익) 현금흐름표 종합(발생주의와 현금주의의 쉽고 명확한 개념정리) - 영업활동, 투자활동, 재무활동 현금흐름의 주요항목별 유기적 이해 (재무손익 관련) - 기업의 성장단계별 현금흐름특성, 투자적격여부, 분식회계 감지법 (매출채권, 재고자산, 무형자산)

구분	주차	주제	세부 주제
재무 분석 완성	2 주차	고급 재무비율 분석 및 주식수익률 이해 (사례 훈련)	재무비율 통합 이해 - 8대 고급재무비율(4대 재무비율을 기본으로)의 유기적 이해 및 주식투자수익률 관련 설명 기업 사례(2개 기업)를 통한 8대 고급재무비율의 체계적 이해 - 안정성 재무비율의 핵심 이해 및 실전의미, 주요비율 구체적 기준 수치 등 - 수익성 재무비율의 핵심 이해 및 실전의미, 주요비율 구체적 기준 수치 등 - 활동성 재무비율의 핵심 이해 및 실전의미, 주요비율 구체적 기준 수치 등 - 성장성 재무비율의 핵심 이해 및 실전의미, 주요비율 구체적 기준 수치 등
		IFRS 완전정복 및 지배지분 활용	IFRS 개괄 (기준과 특징, 투자자 영향, 연결재무제표 도입, 종속기업 이해) IFRS 기준 3대 재무제표 (재무상태표, 포괄손익계산서, 현금흐름표 변화 및 중요 포인트, 지배지분 등 간결한 완벽이해, 기타포괄손익, 주석정보의 증가와 활용법) 재무제표 개별 항목 주요 변화(GAAP 대비 IFRS 변화) 및 가치평가 기준(지배지분) 정리 - 금융자산, 환율, 자산재평가, 매출인식, 재고자산, 대손충당금, 영업권, 개발비 / 주석 정보 활용법 지배지분의 구성 이해(지배기업, 종속 및 관계 일부) / 재무손익분석, 주가산정 등 지배지분 활용 자산 및 부채, 손익(재무상태표와 손익계산서) 등 주요 항목 (영업 vs 비영업 / GAAP vs IFRS)
		투자지표와 재무비율, 한국주식 가치 평가원 고급실적 조정/추정 및 전문 스크리닝	본질적 투자지표(수익률과 복리) 및 부가적 투자지표(대주주 매력도)가 주식수익률 좌우 본질적 투자지표 : ROIC(IC증가), ROA, ROE, 유보율 혹 재투자율의 관계와 공식들의 의미 부가적 투자지표 : EV, EBIT(D)A, EV/EBIT(D)A의 실질 의미와 용어(공식)의 의미 고급 재무손익추정법과 실적조정법 - 비용률의 심층적 이해와 KISVE 전문(체계적, 간단) 실적조정법 - 경기변동성을 합리적으로 제거한 실적조정(영외손익 뿐 아니라 영업손익까지) 한국주식가치평가원 전문 스크리닝 툴 설명 - 기업수익률, 주주수익률, 소수주주 및 대주주 가치 등 최고의 스크리닝 산식 설명

구분	주차	주제	세부 주제

기업
분석
완성
	3
	주차
		내부자
		기업활동
		이해
		및
		사업보고서
		(심층사례
		분석)
			기업가치와 비즈니스 시스템 (비즈니스 시스템 〉 고객 부가가
			치 〉 수익창출 〉 내재가치)
			비즈니스 시스템 이해(실전분석 도구로써 기업사례 제시)
			- 연구개발, 제품기획, 제품조달, 제품제조, 영업 및 판매,
			  A/S 등 유지관리 등
			활동별 핵심개념 정리, 재무제표 수치사례, 사업보고서 및
			홈페이지 참조 사례 제시.
			- 기업실제 내부활동 사례를 설명하여 경영자의 관점을 쉽고
			  체계적으로 이해 / 기업별 KSF(핵심성공요인) 구분
			투자자가 알아야할 사업보고서 핵심구조 및 주요 항목 이해
			- 사업보고서 이해과정(사업, 경쟁력, 스프레드, 영업자산, 자본배
			  분, 주주친화, 인적자산 분석 등)
			- 실제 기업사례를 들어 사업보고서 분석과정을 훈련 (항목별 사
			  업보고서 대조 및 심층해석 설명)

		워렌버핏
		및
		필립피셔
		분석툴
		(심층사례
		분석)
			워렌버핏의 기업분석 프레임(3분류와 10항목, 실제 투자대가
			관점, 기업사례 강의)
			- 사업, 재무, 경영 3분류별 10가지 항목의 유기적인 이해, 개
			  인 및 기관투자자 시사점(교훈)
			필립피셔의 기업분석 프레임(3분류와 15항목, 실제 투자대가
			관점, 기업사례 강의)
			- 사업, 재무, 경영 3분류별 15가지 항목의 유기적인 이해, 개
			  인 및 기관투자자 시사점(교훈)
			※ 각(10~15) 항목별 실제 사업보고서, 홈페이지, 재무자료
			(네이버 금융, FN가이드 등) 설명

		한국주식
		가치
		평가원
		심층
		기업분석
		프로세스
		(심층사례
		분석)
			'KISVE 심층 기업분석 프로세스(5~6단계)' 체득을 위한 실제
			사례 분석
			(분석의 깊이는 높이고 시간은 줄이는 최고의 분석 프레임으
			로, 각 프로세스 별 실제 상장사들의 사업보고서, 재무손익 데
			이터, 홈페이지, 핵심 자회사 중 비상장사 자료까지 분석)
			- 비즈니스 분석 (연혁과 현황, 제품과 원재료 비중 및 가격,
			  M/S, 판매처와 매입처, 매출과 가동률, 설비투자 및 R&D)
			- 계열회사 확인 (계열회사 비중 및 순익추이, 상장-비상장
			  공통 재무손익비율 검토)
			- 지배구조 검토 (최대주주, 자사주 및 배당, 임원) / 직원 및
			  기타 주의사항
			한국주식가치평가원 약식 Frame 제공(실전분석에 활용할 최
			고의 도구)
			기업분석 추가포인트(BW, CB 등 주가희석요소의 핵심 및 희
			석(가치하락)비율)

구분	주차	주제	세부 주제
기업 분석 완성	4 주차	기업분석 작성자 기준 사례 전문분석자 사례 상장기업 전체 6분류	상장사(들)에 대한 기업분석 심층 참조 (작성자 기준의 사업계획서 사례) - 국내 상장사의 사업보고서 작성기준 이해 (규정된 작성자 기준의 실제보고서 양식 참조) 기타 분석 전문가/아마추어 리포트(기본적 비즈니스 모델에 충실 vs 최근 이슈 해석에 충실) 참조, 성장, 이익변동성 등에 따른 상장기업 6분류법(분류별 기업들의 투자매력도와 투자전략, 리스크)
		기업분석 정보체계 (응용) 및 내부자 경영전략, 고급분석 도구 (심화)	기업분석 정보체계 및 의미(주가, 오픈된 정보인 2차 정보, 미공개 현장정보인 1차 정보, 단계별 자료 참조 실습(실제 어디로 접속하여 어떤 자료를 얻는지 구체적 심층설명) - 2차 정보 (사업보고서, 증권사 리포트, 기업 홈페이지, 업종협회, 통계자료 수집 및 분석) - 1차 정보 (장점과 유의점, IR담당, 매장, 기업현장, 경쟁사 및 전후방업체 IR 담당 등) - 내부자 관점 기업분석툴 (외부환경에서 기업의 입지, 제품전략에 이르기까지 사례분석) - 기업분석 능력을 높여주는 3C 분석, 5 Force 분석, 경쟁전략에 따른 SWOT, PPM 기본분석 - 트렌드 분석(변화의 원인), 이익방정식(일목요연한 이익분해)으로 향후 실적 시나리오 전망, - 손익분기점 공식 간단이해 및 업종별(변동비형, 고정비형) 투자전략 이해
		재무, 기업분석 격자구조 확장 및 완성 (투자 대가들의 재무, 기업 중점요소, 해자 및 독점)	고급재무분석 격자구조 확장 - 존 네프, 벤저민 그레이엄, 워렌버핏, 마리오 가벨리 등 각 대가들의 재무분석 툴(공식)과 활용법 - 마법공식 심층 장단점 이해 및 한국주식가치평가원 전문 스크리닝 공식 정리 - 광의적 기업분석 격자구조 확장(기업분석 대가 배우기, 경제적 해자와 독점 분석) - 필립피셔 (사실수집, 투자기업 분류, 주식시장의 힘, 피해야 할 잘못, 성장주 발굴법) - 랄프웬저 (소형주의 실질매력과 리스크, 산업/기술의 수혜, 강소기업의 핵심 지지대) - 경제적 해자(해자의 정의와 원천, 심층분석) / 독점의 기술(자산독점과 상황독점, 독점 방어벽 등)

구분	주차	주제	세부 주제
고급 상대 평가 완성	5 주차	가치평가 도구 개괄 및 고급 상대평가 (실적 및 배수조정)	가치평가 핵심개념 및 실전공식 등 의미설명(주주기준, 기업기준, 수익률 기준) 적정주가산정(가치평가) 도구 이해 (하나의 체계적인 프레임으로 쉽게 이해) - 가치평가기간별 3방식, 가치평가방법 3방식, 가치평가주체 3수준 - 가치평가 기준이익 혹 자본의 기준수치(언제 수치를 쓸 것인가) 결정 - 상대가치 이해 및 고급상대가치 - 기본적인 배수법 및 실적 변동 이해 / 복합비교 배수법 조정 및 실적조정법(영업사이클 조정) 이해 * 하나의 프레임으로 여러 가지의 밸류에이션(적정주가산정) 도구를 마스터 : PER, PCR, PSR, ROE(듀퐁분해, KISVE 고급분해)와 PBR(기본, 응용 PBR), PEG비율(실전활용), 존 템플턴 5년이익 PER, EV/EBIT(D)A(인수자 기준), 조엘 마법공식, KISVE 절대 스크리닝
		고급 상대평가 (실적, 배수 조정) 사례/실습	본격 상대가치 훈련(현재실적과 현재배수 대신, 조정실적과 복합비교 배수법) 조정실적(기본 : 영외손익 조정, 고급 : 경기변동/비변동 따른 영업사이클 조정) 복합비교 배수법(중급 : 역사적 밸류에이션, 고급 : 필요시 기타 업종내 비교) PER – 심층이해를 통한 실전 상대가치 PER (보조지표 PCR) / PSR – 실전 상대가치 PSR PBR – 청산시 자산항목별 간단계산비율, 한국주식가치평가원 입체 PBR(수익가치 프리미엄) ROE(듀퐁 3분해, 변동성 한계) – 한국주식가치평가원 고급 3분해로 유지가능한 ROE로 조정 전문 PEG비율(공식 심층이해 및 활용 요건) & 전문 템플턴 5년이익 PER EV/EBIT(D)A 의미와 활용(강력한 보조지표) / 조엘 마법공식 & 한국주식가치평가원 절대 Screening
		고급 상대평가 전용 밸류에이션 엑셀파일 실습	고급상대가치평가 과정 전용 엑셀파일(실적조정 및 고급상대평가, KISVE 지재권)로 실제 관심기업의 영업, 영외손익을 조정(외국계 기관 수준), 고급상대평가를 경험하여, 관심종목의 적정주가를 계산

구분	주차	주제	세부 주제
고급 상대 평가 완성	5 주차	스노우볼 기업(관심 기업) 재무, 기업분석 및 가치평가 -수료 후 전원과제 제출	KISVE 고급재무분석 프레임, 기업분석 심층 프로세스로 관심 기업을 분석, 고급상대평가(실적조정, 적정배수)로 적정주가를 계산하여, 전 수강생 과제제출(각 과제별 평가원 1page 리뷰).
		동기간 회식, 회장/총무 선임	- 한국주식가치평가원 교육과정을 통해 강력한 투자도구를 마련한 동기들과의 즐거운 회식, 향후 온오프라인 모임을 통한 시너지를 위해서 임원진 선출 등
이후 지속적인 공식행사로는 한국주식가치평가원 주최 전체 총회가 있음. 전체 총회에서는 수료생 발표, KISVE 대표 특강, 수료생 친목 도모 등이 이루어짐.			

■ 주식가치평가사 자격증 과정 – 절대가치평가, 할인율

※ ㈜한국주식가치평가원 홈페이지에 방문하시면 교육 수강후기를 확인하실 수 있습니다.

주차	주제	세부 주제
1 주차	밸류에이션 (주식가치 평가사) 개괄	가치와 가격 (내재가치, 실적, 기업전체가격, 주식가격, 거래와 투자) 기업가치의 특성 (물건-현금-상품-기업, 경기변동/비변동 기업) 기업가치 상승구조 (법인격, 유기체의 나선형성장 및 비용률 감소로 인한 이익률 상승) 주가와 기업가치의 관계 (자본수익률과 할인율, 이익의 안정성, 지속성, 성장성) - ROE, ROA, ROIC 등 유기적 이해 주가와 기업가치평가의 이해(자본 및 이익기반 가치평가, 현재가치, 할인율, 성장률)
	재무분석 및 기업분석 핵심 (참고사이트 포함)	재무상태표, 포괄손익계산서, 현금흐름표 등 재무제표의 간결한 이해 (기업의 설립/활동 이해를 통해, 3대 재무제표 의미 및 관계 명확히 확립) 재무제표별 항목 이해 (중요 영업관련 항목, 발생주의와 현금주의, 기업성장단계 지표) 각종 재무비율 의미 (안정성/수익성/활동성/성장성의 기본의미와 중요도) IFRS 핵심이해 (연결시기와 종속기업), 밸류에이션 기준 수치(지배지분 자본, 순익) 기업분석 개괄(분석의 이유와 분석 기반자료 등) 사업보고서 구조 및 주요 항목 (사업, 주주구성, 관련기업, 임직원 등) 한국주식가치평가원 기업분석 프로세스 핵심 (5~6단계 체계적 프로세스) 기업분석 부가훈련(각종 증자, 하이브리드 사채) 및 정보사이트

주차	주제	세부 주제
2 주차	가치평가도구 개괄 및 절대평가법 안내 (절대할인율)	평가도구 이해(체계적인 프레임) 및 가치평가도구 효용 이해 - 가치평가기간별 3방식, 가치평가방법 3방식,가치평가주체 3수준 - 접근주체(주주자본접근, 기업접근)별 기업가치의 차이 - 할인율(유사위험도 리스크, 금융공학 WACC과 실질 절대할인율)과 영구성장률 - 가치평가 기준이익 혹 자본의 기준수치 결정 절대가치평가의 선행작업(기업의 사업내용, 재무분석 등 조사) 투자자의 무기고, 절대 평가도구 설명(가치평가방식 3방식 분류, 비상장과 상장가치) - IRR, NPV, 고든법(DDM), 절대 PER, PCR(PER 보조), 절대 PSR, 절대 PBR(수익가치, 고급분해), ROE 분해(듀퐁 3분해 및 KISVE 절대 7분해), DCF(3가지 간단 응용), EV/EBIT(D)A (기업기준), RIM(DCF 진보), EVA와 MVA 이해, 일부 M&A공식, PEG비율, 버핏 오너어닝(3가지 간단 응용), 조엘 그린블란트, 템플턴 5년이익 배수법, 한국주식가치평가원 Valuation 등 20여 가지 주요 툴 (많이 배우되, 체계화하고, 가장 효과적인 3~4개의 밸류에이션을 주로 활용하게끔 훈련)
	배수법과 절대가치평가 이해	배수법은 표면적으로 상대가치, 근본적으로 절대가치(절대할인율 관련 넓고 깊은 이해) 절대할인율 – 할인율 실전/공식 이해, 채권성 우량주 할인율 범위, 전 종목 할인율 범위 절대 PER – 배수법 이해 및 절대가치화, 할인율과 성장률, 금융공학과 투자대가 의견 PCR – PER의 보조지표(발생주의와 현금주의) 절대 PSR – 심층 이해 및 분해, 경기변동고려 각종 비율 조정법 간단이해 PBR (청산가치) – 재무상태표 항목별 공정가치(청산 위한) 산정 이해 절대 PBR(수익가치-입체분석) – 강력한 툴, 한국주식가치평가원 입체 PBR(자본수익률, 재투자율, 할인율 및 성장률) PBR 프리미엄의 근거, ROE (듀퐁 3분해, 한국주식가치평가원 조정 3분해 혹 7분해), EV/EBIT(D)A 효용 및 취약점, 계산법 등 (CAPEX의 주기성과 워렌버핏, 맥킨지)
	주식가치 평가사 전용 밸류에이션 엑셀파일 실습	주식가치평가사 자격증 과정 전용 엑셀파일(각종 절대평가, 자본수익률 및 할인율)로 기본적인 고든법과 실제 관심기업의 절대 PER, 절대 PSR, KISVE 절대 PBR(수익가치 PBR 테이블, 듀퐁 분해와 심층분해 포함), EV/EBITDA 등 내재가치, 즉 절대평가를 경험하여, 실전투자이론을 더욱 구체적으로 이해

주차	주제	세부 주제	
3 주차	DCF 프레임 1부	정의 및 전체 프로세스 - DCF 방식 정의, 전제, 접근법, 간단프레임 - 영업가치(잉여현금), 비영업가치, 약식사례 - DCF 전체 프로세스(5단계) 과거실적 분석 - 재무제표 재분류, 용어이해 - 이익률 및 재투자율, 감가상각과 CAPEX 자본비용 추정 - 금융적 WACC 이해 및 베타(한계점)개념 - 실질 절대할인율 이해 및 투자대가 기술	DCF 이론의 체계적 이해를 통해 다른 주식가치평가이론의 구조를 철저히 이해함 - 20여 가지 전문 가치평가법을 함께 심도 깊게 이해가능
	DCF 프레임 2부	미래실적 예측 - 거시환경 및 지표, 산업 및 수급, 경쟁 - 시나리오 및 매출, 성장률 추정 및 검토 - 잔존가치 추정, - 영업가치 중 잔존가치 개념, 단일/다기간법 - FCF 및 IC 잔존가치의 타당성 - 결과의 산출 및 해석	
	DCF 평가 실제사례	양수도 건에 대한 DCF 실제 산정 사례(기업명 비공개) 1건 및 인수합병 건에 대한 DCF 실제 산정 사례(기업명 비공개) 1건 소개 및 설명	

주차	주제	세부 주제	
4 주차	신조류 (절대평가) 평가법	RIM (DCF의 진화, RIM 개념 및 효용, RIM과 간단연금법 RIM 공식 및 사례 설명) 올슨모델 (초고급 RIM, 평균회귀, 지속성계수), 주주귀속현금흐름 모델(맥킨지, 버핏과 KISVE) EVA와 MVA (기업기준의 RIM 유사개념, 참조) 행동재무론 (비합리 행동, 반전 및 모멘텀)	한국주식가치평가원의 정통 실전 투자이론 교육을 통한 효과 - 그간 핵심적인 내용에 있어서는 베일에 쌓여있던 심도깊은 이론들을 일목요연하고도 쉽게 이해함 - 최종적으로, 강력한 자신만의 몇 가지 무기를 습득하기 위한 자연스러운 사고의 확장 과정을 거침
	주요 업계 평가법 (절대평가)	존 템플턴 (숫자, 확률의 투자자, 5년주가이익 배수법, 성장주와 평균회귀), PEG (피터 린치, 과거분석, 핵심이익 모니터), M&A 가치평가 2 사례, SOTP (의미, 유의), KISVE 절대(입체) PBR (ROIC, ROE 심층분해) 조엘 그린블란트 (마법공식 개념 이해, 장단점) 워렌 버핏 평가(흐름, 연금, 효율배수법) 설명 한국주식가치평가원 절대평가 Valuation (사업, 수익, 절대평가 안전마진 및 대주주 매력도)	
	주식가치 평가사 전용 밸류에이션 엑셀파일 실습	주식가치평가사 자격증 과정 전용 엑셀파일(각종 절대평가, 자본수익률 및 할인율)로 RIM, 존 템플턴, 등 내재가치, 즉 절대평가를 경험하여, 실전투자 이론을 더욱 구체적으로 이해	

주차	주제	세부 주제
5 주차	거시환경과 심층 시장평가 및 고급 포트폴리오	경기(선행,동행,후행), 경제성장률, 민간소비, 금리(무위험수익률)와 주식시장(자료참조법) 간단 증권시장 4국면(구분, 특징, 심리) 심층 시장평가 (기본-절대수익비교 FED모델, 보조-GDP 비율, 고급-KISVE 조정 PBR), 포트폴리오 고급 운용법 (시장평가 기반한 자산배분 및 시장등락 허위 시그널 읽기, 바텀업(꽁초투자, 스노우볼 투자)/톱다운(성장주, 경기변동주) 방식별 주식운용 전략, 종목수, 매매절차 및 모니터링
	행동금융학 이해, 리스크 관리 4단계 및 심층 스노우볼 투자	행동금융학 이해(손실로 이어지는 심리와 행동패턴을 파악, 극복) - 과도한 자신감, 과잉반응과 반응부족 등 11가지 항목 설명(극복), 워렌버핏 사례 리스크 관리 4단계(워렌버핏, 케인즈, 계량관리, 조지 소로스 등 단계별 전략과 선택) 스노우볼 종목 유형 구분(거래형, 현금형, 성장형, 전환형)과 투자 전략/기술
	발표 및 조언 (신조류, 업계, 한국주식가치 평가원 등)	신조류와 업계, 한국주식가치평가원 방식 등 4주차 강의까지 배운 적정주가 산정법(밸류에이션)을 모두 활용하여 전 수강생 과제제출 (각 과제별 평가원 1page 리뷰) 발표자 가산점 및 평가원 대표 조언, 깊은 수준의 실전 가치평가 훈련을 경험
	자격증 시험 (투자체계 최종정리, 복습)	5주간에 걸친 주식가치평가(절대평가) 과정 내용을 단기간에 효과적으로 재정리하여 중급 수준 이상의 한국주식가치평가원 전문투자자로 완성, 시험을 통해 실전투자이론 실력을 복습하고 점검하는 과정을 마침

〈전문가 추천〉

"어느 분야에서 정상에 오른다는 것은 정말 축복받은 것이다. 더욱 축복받는 것은 그 정상에 오른 사람과 함께 한다는 것이다. 여러분들이 류대표의 지식과 경험을 공유한다는 것은 정말 축복받는 것이다."
― 가톨릭대 경영학부 김종일 교수
  (한국기업평가원 수석자문위원, 한국/미국공인회계사, McKinsey Valuation 대표역자, 前 굿모닝신한증권 임원 등)

"지금까지의 주식투자 및 가치평가 교육 중 수준과 내용, 모든 면에서 최고이다."
― 스틱인베스트먼트 엄상률 상무(前 삼성전자)

"**KISVE**의 투자교육으로 당신의 투자실력은 노도광풍처럼 성장할 것이다."
― 하이투자증권 파생상품운용부문 박형민 이사

"투자실패의 근본적 원인을 알고 싶다면 류대표의 실전투자교육이 반드시 필요할 것이다."
― 저축은행중앙회 최병주 이사

"전문적인 주식(기업)가치평가를 정통으로 배우려면 필히 류대표의 투자교육을 받아라."
— 이스트브릿지 파트너스 김기현 상무

"개인투자자들이 기관투자자 이상의 투자체계를 체계적으로 쉽게 확립할 수 있는 방법은 한국주식가치평가원 류대표의 강의 외에는 없다."
— NH농협생명 투자운용부 펀드매니저 이은원 과장
 (前 유리자산운용, VIP투자자문)

"공인회계사조차 인정하는 가치평가와 **IFRS** 부문 최고 전문가인 류대표님의 강의에 집중하라."
— 양원모 공인회계사(現 서울기술투자, 前 이상기술투자 투자팀장)

"류종현 대표님의 강연은 기업가치 평가와 **IFRS**의 깊이 있는 실전 이론을 배울 수 있는 시간이 될 것이다."
— 현명한투자자들의모임 구도형 대표(가치투자 재야고수 좋은습관)

"실전과 이론을 정통으로 섭렵한 류대표님의 강의는 주식투자자들에게 정말 강력한 도구를 제공할 것이다."
— SNU VALUE(서울대 투자동아리) 前 회장 황인혁

대한민국에서 가장 체계적이고 효과적인
실전가치투자 교육/저술/출판 기관
㈜한국주식가치평가원
(Korean Institute of Stock Value Evaluation Co., Ltd.)

한국주식가치평가원(이하 '**KISVE**')은 체계적인 주식투자, 즉 가치투자를 위한 '종합 기업분석(재무, 사업) 및 주식가치평가' 분야에서 국내 최고수준의 전문성을 지닌 투자전문기관으로서 실전투자교육, 투자부문 저술출판업, 투자연구 및 고유계정운용 등을 영위하고 있습니다.

특히 **KISVE**는, 주식에 갓 입문한 초보자에서부터 베테랑에 이르기까지 수많은 주식투자자들을 대상으로, 지속적으로 자산을 늘리는 대한민국 0.1%(5,000명) 현명한 가치투자자를 양성하기 위해, 명실상부 타의 추종을 불허하는 국내최고의 체계성과 효과를 갖춘 실전 가치투자이론을 이해하기 쉽고 일목요연하게 교육하고 있습니다.

그간 수많은 주식투자자들께서 다른 모든 주식교육, 주식관련 서적 등에 시간과 돈을 투자했음에도 오래도록 별다른 성과와 효용을 느끼지 못하셨음에도 불구하고, **KISVE**의 가치투자교육을 통해 편안하고 오래도록 지속가능한 누적수익률을 올릴 수 있는 가치투자 체계를 확보하고 주식투자실력이 크게 향상되셨습니다.

그 동안 투자교육을 수료하고 온오프라인을 통해 적극적인 투자활동을 하고 있는 **KISVE** 수료생들의 범위는, 대개 입문 및 초보 개인투자자(직장인, 자영업자, 주부, 은퇴자 및 전업투자자)들을 중심으로 예비 투자인력(대학생 등), 민간(증권사, 운용/자문사, 회계법인, 은행 등) 및 공공(투자, 통화, 금융 부문 등) 금융투자업계 임직원, 기타 일반기업의 특정(전략기획, **IR**, 재무투자 등)부서 임직원 및 재야의 주식투자자 등 실로 다양한 바 있습니다.

한편, 평가원의 저술출간 정책은 분야와 저자 측면에서 무분별하게 책을 많이 내기 보다는 주식투자자들에게 진정으로 도움이 되고 또한 중장기적으로 효용이 있는 좋은 책들을 업계 최고수준의 내부 전문가들이나 평가원이 검증한 극히 소수의 외부전문가에 한해 펴내는 것입니다.

주식시장에서 실전적으로 활용, 응용할 수 있으면서도 전문성과 이론체계를 바탕으로 하였기에, 개인투자자 및 기관투자자 모두 효과적으로 배우고 활용할 수 있는 '대한민국 주식투자 성공시리즈'는 오래도록 변치 않는 투자지혜와 효용을 드릴 수 있는 가치투자 스테디셀러들입니다.

첫 번째로, 가치투자 원칙과 개념, 전략 등 전체적인 기본체계 확립과 각종 정량분석 항목/비율지식을 위해서『대한민국 주식투자 완벽가이드』와『대한민국 주식투자 재무제표 · 재무비율 · 투자공식』을 참조하시고, 가치투자 스타일별로 투자전략전술, 투자공식 등을 활용하고, 기대수익률은 극대화하고 손실위험은 최소화하는 계량적 운용방법을 익히며, 거시경제 순환에 대응하는 효과적 운용전략전술을 배우기 위해서『대한민국 주식투자 글로벌 가치투자거장 분석』과『대한민국 주식투자 계량가치투자 포트폴리오』,『대한민국 주식투자 거시경제 가치투자전략』을 참조하시면 좋습니다.

두 번째로, 국내 전체 업종의 개요와 특징, 재무추이를 공부하며, 실제 자신의 가치투자 포트폴리오 수익률 향상을 위해서『대한민국 주식투자 산업·업종분석』,『대한민국 주식투자 다이어리』를 활용하시기 바랍니다.

세 번째로, 저평가 상태의 우량기업 리스트, 내용, 가치 범위를 참고하고 지속적인 효용가치가 있는 분석내용을 활용하기 위해서『대한민국 주식투자 저평가우량주』를 참고하시기 바랍니다.

《대한민국 주식투자 성공시리즈》를 읽는 순서는 위의 순서로 읽어나가시는 것도 좋고, 기타 독자들께서 공부하고자 하는 순서대로 읽어나가시면 됩니다.

《대한민국 주식투자 성공시리즈》의 활용방법을 다음과 같이 간단히 소개하며, 앞으로도 오직 주식투자자, 가치투자자들이 신뢰할 수 있는 책만을 저술, 출간하겠습니다.

대한민국 주식투자 성공시리즈 활용법

| 대한민국 주식투자 성공시리즈 |||
현명하게 수익내는 가치투자자가 되기 위한 필독서		
실전가치투자 공부편	실전가치투자 활용편	실전가치투자 정보편
- 재무제표·재무비율·투자공식 - 완벽가이드 - 글로벌 가치투자거장 분석 - 계량가치투자 포트폴리오 - 거시경제 가치투자 전략	- 산업·업종분석 - 다이어리	- 저평가우량주

실전가치투자 공부편

『대한민국 주식투자 재무제표 재무비율 투자공식』
- 대한민국 주식투자 성공시리즈 5('대한민국 주식투자 성공' 생략)
- 각종 재무제표 및 재무손익비율, 가치평가용어 및 공식, 기타 투자용어, IFRS 핵심정리, 가치투자거장별 주요 재무비율 등 주식투자에 필요한 모든 기업의 언어를 종합적으로 정리

『대한민국 주식투자 완벽가이드』-시리즈 1
- 성공을 위한 투자철학과 투자태도, 주식시장평가 및 종목분석, 운용전략전술 등 실전가치투자 체계를 A부터 Z가지 소개하는 종합서

『대한민국 주식투자 글로벌 가치투자거장 분석』-시리즈 6
 - 상대적으로 더 비중을 두는 요소에 따라 저평가, 수익성, 성장성 중심 가치투자 스타일별로 구분하고, 17인의 가치투자대가들을 나눈 후, 각 투자전략전술, 투자공식 등을 구체적이고 심층적으로 정리

『대한민국 주식투자 계량가치투자 포트폴리오』-시리즈 7
 - 성공적인 계량가치투자의 핵심 요소들과 체계적인 운용프로세스를 쉽게 정리하여, 변동성 및 손실 리스크는 획기적으로 낮추고 역발상 계량가치투자 포트폴리오의 기대수익률은 크게 높일 수 있게 함

『대한민국 주식투자 거시경제 가치투자 전략』-시리즈 8

실전가치투자 활용편

『대한민국 주식투자 산업·업종분석』-시리즈 3
 - 최초로 전체 업종의 히스토리 및 중장기 특성, 향후 트렌드 등과 주요 업종별로 7~8년의 재무 및 주가추이를 다룬 산업업종 분석 종합서

『대한민국 주식투자 다이어리』-시리즈 2
 - 주식시장 평가(투자매력도) 및 주식비중 조절, 주식의 정량정성

분석, 가치평가 및 운용을 위한 각종 양식을 실은 다이어리(1년 중 언제든지 시작가능한 양식)

실전가치투자 정보편

『대한민국 주식투자 저평가우량주』-시리즈 4
- 대한민국 전체 상장사 중 워렌 버핏형 스노우볼과 필립 피셔형 성장주 등 우량기업을 선정하고, 그 중에서도 저평가된 22개 기업(기타 34우량기업)의 향후 4년간(~2017) 적정밸류에이션 범위를 기재

㈜한국주식가치평가원 홈페이지
www.kisve.co.kr
무료회원 대상 주요 콘텐츠 소개

전문칼럼
- 실전투자공식과 증권시장 응용, 활용법을 교육을 통해 배우는 것도 중요하지만, 투자실력을 전진하게 하는 기본마인드 자체를 구축하는 것도 부수적으로 필요합니다.
  각종 기본적인 가치투자의 태도와 투자철학을 배양시키기 위한 전문칼럼은 지금 당장은 물론 오랜 기간에 걸쳐 지속적으로 투자태도와 철학에 좋은 영향을 줄 수 있는 내용들을 정리했습니다.

투자의 거장소개
- 필립 피셔, 피터 린치 등 유명한 투자거장에서부터, 골드만삭스 등 투자기관 출신 애널리스트, 경영대학의 증권투자부문 전문교수 등 알려지지 않은 작은 거장에 이르기까지, 크고 작은 투자전문가의 조언 중 평가원의 내부적 판단에 따라 회원들이 참고하고 배울 만한 내용을 간단히 소개합니다.

증권시장 평가
- 단기적으로 큰 의미가 없을지라도 중기적 이상을 보면 반드시 큰 의미가 있는 국내 증권시장의 대략적인 고평가/저평가 수준을 한 달이라는 주기를 두고 가장 쉬운 방법에서 가장 합리적인 방법에 이르기까지 세 가지 방법으로 간략하게 정리합니다.

시장 전체가 싼지 비싼지 파악하는 행위는 주식비중을 늘려야 할지 줄여야 할지 등을 결정할 수 있는 근거가 되는 것입니다.

한편, 평가원에서 선정한 수십 개 우량기업의 장기복리수익률을 증권시장의 장기주가상승률과 분기별로 비교하여, 가치가 지속적으로 상승하는 기업들이 빠르고 지속적으로 주가도 상승함을 수치로 확인할 수 있게끔 할 예정입니다.

기업분석 후보
- 평가원에서는 회원들의 투자 유니버스(후보군) 구성을 돕기 위해서 약 2,000개에 달하는 상장사 중에서 중장기 재무손익 추이, 각종 수익률과 성장률 등이 상대적으로 우량하여 분석후보군으로 타당한 기업들을 선정했습니다.

이 중 수십 개의 우량기업을 홈페이지에 공개하고 가치투자 교육 수강생들에게 분석하게 하고 과제리뷰를 통해 분석능력 향상을 위한 코멘트를 해왔습니다.

주식기본용어
- 평가원에서는 홈페이지에서 가장 기본적인 주식용어들의 설명을 통해 입문자들의 주식투자용어 이해를 돕고 있습니다.

3. 실전가치투자 특강수강증 (한국주식가치평가원)

실전가치투자 특강수강증

「대한민국 주식투자 거시경제 가치투자 전략」의 저자, ㈜한국주식가치평가원 류종현 대표이사가 강연하는 특강에 본 수강증을 지참하시면 무료로 수강하실 수 있습니다.
반드시 본 수강증을 활용하시어 무료로 특강을 수강할 수 있는 혜택을 꼭 누리시기 바랍니다.

자세한 강연내용 및 장소는 ㈜한국주식가치평가원 홈페이지 (**www.kisve.co.kr**)를 참고하시기 바랍니다.

▶ 신청방법 : 특강신청기간(매년 실시) 동안 customer@kisve.co.kr 로 성함과 휴대폰번호를 보내주시면 신청이 완료되며, 확정안내 SMS를 회신해드립니다.
▶ 강연당일 본 수강증을 지참하시어 제출해주시기 바랍니다.
▶ 자세한 특강 일정 및 장소 안내는 www.kisve.co.kr 공지사항을 참조하시기 바랍니다.

성   함 :

휴대폰 번호 :

※ 본 수강증은 반드시 원본만 유효하며, 복제를 금합니다.

㈜한국주식가치평가원